Geschichte

der

Domainen-Benutzung

in

Deutschland.

Von

Karl Dietrich Hüllmann.

Preisschrift, gekrönt von der königlichen Societät der Wissenschaften zu Göttingen.

Frankfurt an der Oder,
in der akademischen Buchhandlung.
1807.

Herrn

Hofrath Beckmann

zu Göttingen

hochachtungsvoll gewidmet

von dem

Verfasser.

Anzeige des Inhalts.

Einleitung
über die Namen der Domainengüter in Deutschland. Seite 1
Erster Theil.
Reichsdomainen.
Von den Karolingischen Zeiten bis zum Ursprunge der Landeshoheit im dreizehnten Jahrhunderte.
Erster Abschnitt. Administration, allgemeine Benutzungsart der Reichsdomainen während dieses Zeitraums. . . . — 7
Zweiter Abschnitt. Administrationsbehörden.
Erste Periode. Von Karln dem Großen bis zu den letzten Karolingern.
I. Unterbehörde: Amtsverwalter. . — 13
II. Mittelbehörde: Gaugraf oder Kreis-Aufseher. — 17
III. Oberbehörde: Missus. . — 18
Zweite Periode. Von den letzten Karolingern bis zu den ersten Königen aus dem Hause der Herzoge von Sachsen.
I. Unterbehörde: Amtsverwalter. . . — 19

II. Oberbehörden.
1) Kammer-Nuntien in Franken und Schwaben. . . . Seite 20
2) Herzoge und Markgrafen in den übrigen Provinzen. . . — 22
Dritte Periode. Von den ersten Königen aus dem herzoglich Sächsischen Hause, bis zum Ursprunge der Landeshoheit im dreizehnten Jahrhunderte.
I. Unterbehörde: Amtsverwalter. . — 25
II. Oberbehörde: Pfalzgrafen. . — 25
Anhang. Darstellung der Domainen-Administration in beiden Sicilien, unter Friedrich II., in der ersten Hälfte des dreizehnten Jahrhunderts. . — 31

Zweiter Theil.

Landesdomainen.

Von dem Ursprunge der Landeshoheit im dreizehnten Jahrhunderte bis in die neuesten Zeiten.
Erste Periode. Administration, größten Theils bis in die zweite Hälfte des siebenzehnten Jahrhunderts.
Erster Abschnitt. Gründe der fortdauernden Administration. . . . — 33
Zweiter Abschnitt. Beispiele von fortdauernder Administration.
1) Kursachsen. . . — 39
2) Sachsen-Gotha. . . — 42
3) Kurbrandenburg. . . — 43
4) Böhmen. . . . — 47
5) Oestreich. . . . — 49
6) Bayern und Pfalz. . . — 49
7) Zweybrücken. . . — 51
8) Wirtemberg. . . — 52

9) Anspach und Baireuth. . Seite 52
10) Hessen. . . . — 53
11) Nassau. . . . — 54
12) Braunschweig-Lüneburg. . — 54
13) Meklenburg. . . — 57
Dritter Abschnitt. Administrationsbehörden.
I. Unterbehörden.
1) Amtsverwalter. . . — 59
2) Vorwerksverwalter. . . — 61
3) Kornschreiber. . . — 61
4) Forstschreiber. . . — 62
5) Hofmeister, Vogt. . . — 62
II. Mittelbehörde: Oberamtmann. . — 63
III. Oberbehörde.
1) Der Fürst selbst, in den frühern Zeiten, mit Hülfe eines Vizdoms, und eines Kammermeisters oder Rentmeisters. . — 64
2) Kammercollegia in den spätern Zeiten. — 68

Zweite Periode.
Erstes Hauptstück. Zeitpacht. Größtentheils von der 2ten Hälfte des siebenzehnten Jahrhunderts bis jetzt.
Erster Abschnitt. Ursachen der aufkommenden Domainen-Verpachtungen; anfängliche Schwierigkeiten. . . . . — 74
Zweiter Abschnitt. Beispiele von Einführung der Zeitpacht in einigen Reichslanden.
1) Kursachsen. . . — 78
2) Kurbrandenburg. . . — 81
3) Oestreich. . . . — 84
4) Kurbraunschweig-Lüneburg. . — 85
Zweites Hauptstück. Zergliederung. Größtentheils im Laufe des achtzehnten Jahrhunderts.

Erster Abschnitt. Veranlassung. . Seite 87
Zweiter Abschnitt. Beispiele.
Einleitung. Ueber die Zergliederung Kursächsischer Domainen-Vorwerke im sechszehnten Jahrhunderte, und über den mehrmahligen Vorschlag des Abbaues der Kurbrandenburgschen Domainen. . — 93
1) Kurbrandenburgsche Lande. . — 100
2) Anspach und Baireuth. . — 132
3) Waldeck. . . . — 132
4) Hessen-Darmstadt. . . — 133
5) Schleswig und Holstein, . — 136
6) Böhmen. . . . — 140

Einleitung

über die Namen der Domainengüter in Deutschland.

Domainen, Villen, königliche Höfe, Kammergüter, fiscalische Güter: das sind die Namen, mit welchen die landesherrlichen Güter sowohl unter der Fränkischen Regierung, als während der politischen Selbstständigkeit des Deutschen Reichs, am gewöhnlichsten belegt worden sind.

1. **Domainen.** — Die eigentliche, d. i. Römische, Gestalt des Worts ist bekanntlich Dominium, im Latein des Mittel-Alters verändert theils in Demanium, theils in Domanium. Die erstere von beiden Modificationen war in den mittlern Jahrhunderten die gewöhnliche [1]), und selbst in Italien allgemein angenommen [2]); ja in England ist Demaine

---

1) Friderici II. dipl. a. 1228. ap. (Besold.) document. rediviv. Monast. Wirtemberg. p. 462.

2) Utriusque Siciliae constitutt. Ed. Muzillus. Venet. 1590. fol.

bis jetzt beibehalten. Wenn die zweite Modification des Worts in den frühern Jahrhunderten seltner vorkömmt, so ist sie dagegen in den neuern Zeiten, mit Ausnahme des eben genannten Landes, die herrschende geworden. Aus der Bedeutung des Worts in der ursprünglichen Gestalt ergiebt sich von selbst, daß in den frühern Jahrhunderten diese Benennung keineswegs den landesherrlichen Gütern ausschließlich, nicht ein Mahl vorzugsweise, eigen gewesen, sondern ohne Unterschied von jeder herrschaftlichen Länderey, also auch von Privatgütern, gebraucht worden ist. Dominium ist so viel als Terra dominica, herrschaftliches Land, oder schlechthin Dominicum [1]), im Gegensatze der, an Hintersassen zur Nutzung abgetretenen, Grundstücke. Ist in den Urkunden des Mittelalters von unmittelbaren landesherrlichen Gütern die Rede, so wird dieses alle Mahl ausdrücklich in einem Beysatze angegeben; z. B. in Verordnungen der Könige: Dominium nostrum [2]); oder proprium dominicum, quod est in vestitura regis [3]); oder, in vielen Kameralverordnungen des Kaisers Friedrichs des zweiten: Dominium nostrum atque Demanium [4]); Demania curiae nostrae [5]).

---

1) Lex Alam. c. 22.
   Lex Bajuwar. tit. I. c. 14. §. 6.

2) Capitularium l. IV. c. 24. ap. Baluz. T. I. p. 781.

3) Ibid. c. 34. p. 783.

4) Constitutt. Sic. l. III. tit. IV. p. 210.

5) Ibid. l. I. tit. 63. p. 88.

Erst in spätern Zeiten ist es herkommlich geworden, den landesherrlichen Gütern vorzugsweise die Benennung Dominia, und zwar verderbt in Domania, beizulegen; also unter dem letztern Ausdrucke nicht mehr Grundherrlichkeit überhaupt, sondern Grundherrlichkeit des Landesherrn insbesondere, zu verstehn.

2. Villen. — Damit hat es dieselbe Bewandtniß, wie mit dem Worte Domainen: niemahls werden vorzugsweise die königlichen, fürstlichen u. s. w. Landgüter so genannt; sondern so oft diese vorkommen, werden sie immer ausdrücklich als solche angegeben: fiscalische Villen [1]), öffentliche Villen [2]), königliche Villen [3]), herrschaftliche (landesherrschaftliche) Villen [4]), unsere Villen (in Verordnungen der Könige) [5]), die Gemeinden der Villen des Pfalzgrafen am Rhein [6]) u. s. w.

---

1) Gregor. Tur. hist. Franc. l. VI. c. 32. Marculf l. II. form. 52.

2) Annal. Franc. Metens. aa. 754. 761.

3) Fragment. hist. a. 674. ap. Bouquet, recueil etc. T. II. p. 693.
Thegan. de gestis Ludov. pii, c. 19.
Annal. Franc. Bertin. aa. 858. 867.
Annal. Franc. Fuld. a. 841.

4) Charta divis. imper. Ludov. pii, c. 2.

5) Caroli calvi edictum Pistense, cc. 5. 8.

6) Conradi, comit. Pal. Rheni, dipl. a. 1190. ap. Tolner. cod. dipl. Palat. p. 58.

3. Königliche Höfe, curtes regiae oder regales [1]).

4. Kammergüter. — Schon in den Fränkischen Zeiten, und durch das ganze Mittelalter, war Kammer (Schatzkammer) der gewöhnliche Name der Anstalt für die Privat-Oekonomie des Königs oder Fürsten: Ländereyen und Zölle, zur Kammer des Königs Dagobert gehörig [2]); die königliche Kammer Karls des Großen [3]), Ludwigs des Frommen [4]), Karls des Kahlen [5]), Heinrichs des Dritten [6]); die Kammer des Erzbischofs von Cölln [7]), die, des Abts von Bruwiller bei Cölln [8]); Strafgelder an die Kammer der Deutschen Könige Conrads III., Friedrichs I., Otto's IV., Friedrichs II. [9]) — Kammer ist demnach so viel, als das, in Oberdeutschland übliche, Kasten, Schatzkasten (Chatoulle); also Kasten-Amt identisch mit Kammer- oder Finanz-Collegium, Kasten-Voigt mit Kammer- oder Finanz-

1) Ottonis I. dipl. a. 950. ap. Meibom. scriptt. rer. Germ. T. I. p. 744. — Lambert. Schaffnab. a. 1066.
2) Gesta Dagoberti regis, c. 33. ap. Bouquet. II. p. 588.
3) Caroli M. capit. II. a. 813. c. 19.
Ejusd. Testament. ap. Eginhart, vita Caroli M. c. 33.
4) Thegan. vita Ludov. pii, a. 840.
5) Caroli calvi Edict. Pistens. c. 14.
6) Henrici II. dipl. ap. Tolner. l. c. p. 28.
7) Hannonis, Archiepiscopi Colon., dipl. a. 1057. ap. Tolner. l. c. p. 30.
8) Henrici III. dipl. ap. Tolner. l. c. p. 27.
9) Diplomata aa. 1140. 1174. 1209. 1229. ap. eund. pp. 43. 57. 62. 67.

Voigt, Kastengüter, abgekürzt Kasten [1]), identisch mit Kammergütern. Die letztern sind, der Wortbedeutung nach, Landgüter unter der Verwaltung derjenigen Behörde, welche die Privat-Oekonomie des Landesherrn besorgt, und den Namen Kammer führt, im Gegensatze der Behörde für das landständische Finanzwesen.

5. Fiscalische Güter. — Schon in den frühesten Fränkischen Zeiten, und noch häufiger in den mittlern Jahrhunderten, kommen die, von den Römern entlehnten, Ausdrücke vor: agri fiscales [2]), domus fiscales [3]), loci fiscales [4]), fisci aut villae [5]), villae fiscales [6]).

Anmerkung.

Ueber den Ursprung und die rechtliche Natur sowohl der Reichsdomainen, während der strengen Reichs-Integrität, als der Landesdomainen, seit dem

---

1) Freyheitsbrief des Herzogs Friedrich zu Bayern-Landshut, für die Oberbayersche Ritterschaft, vom J. 1384. bei Krenner, Anleitung zu dem näheren Kenntnisse der Bayerschen Landtage des Mittelalters. München 1804. S. 122: »aigener Lewt, die — auf unser Kaesten »dienent.«

2) Charta pactionis etc. a. 587. ap. Baluz. T. I. p. 13.

3) Gregor. Tur. l. VI. c. 45.

4) Friderici I. imp. dipl. a. 1182. ap. Tolner. cod. dipl. Pal. p. 56. 57.

5) Caroli M. Cap. de villis, c. 4. 6. 52.

6) Gregor. Tur. l. VI. c. 32.

Ursprunge der Landeshoheit, glaubt der Verfasser keine Untersuchungen herein ziehen zu dürfen; da dieselben in einem Werke, das sich blos auf die Verwaltung der Domainengüter beschränken soll, fremdartig seyn würden.

Erster Theil.

Reichsdomainen.

Von den Karolingischen Zeiten bis zum Ursprunge der Landeshoheit im dreizehnten Jahrhunderte.

Erster Abschnitt.

Administration,

allgemeine Benutzungsart der Reichsdomainen während dieses Zeitraums.

Wenn es vielen unserer öffentlichen Verhältnisse noch jetzt anzusehen ist, daß Landwirthe es gewesen sind, unter denen die erste Anlage derselben entstanden ist, daß zu der Zeit, als sich der Umriß des Fränkisch-Deutschen Staatsgebäudes bildete, kein bürgerliches Gewerbe vorhanden war; so offenbart sich jene vorherrschende Beschäftigung noch deutlicher bey den frühern Deutschen fast in allen Theilen ihres öffentlichen und Privat-Lebens. Bis zur Entstehung des städtischen Gewerbes kannte man im Norden der Donau und im Osten des Rheins keine andere, als die ländliche, und allenfalls die klösterliche, Lebensart; und noch lange nach dem Ursprunge der eigentlich Deutschen Städte hat sich die Vorliebe zu dem Aufenthalte auf dem Lande erhalten, wo der Hang zur Jagd und zum Herumschwärmen leichter befriedigt werden konnte. Selbst der König führte das Leben eines großen Gutsbesitzers, und zwar eines solchen, der sich abwechselnd auf den Gütern aufhält, die mit geräumigen herrschaftlichen Wohngebäuden versehen sind.

Bis zu den Zeiten, wo die Fürsten anfingen, ihre Staatsdepartements als eigene Territorien zu behandeln, war das königliche Hoflager an keinen festen Ort gebunden. Am seltensten hielten sich die Könige in Städten auf, (deren es im Süden der Donau und im Westen des Rheins seit der Römischen Herrschaft einige gab); öfter auf kurze Zeit in Stiftern und Abteyen; am häufigsten und längsten auf ihren Domainengütern. Die Chroniken, Annalen, und Lebensbeschreibungen aus jenen Jahrhunderten enthalten viele Beyspiele, wie die Könige beständig im Reiche herumgezogen sind, wie sie das Weihnachtsfest auf dieser, das Osterfest auf jener, Villa gefeiert, wie sie abwechselnd in den entlegensten Reichsforsten große Jagden angestellt haben. Da sie nun überall ein zahlreiches Gefolge von Ministerialen mit sich führten, die verpflegt werden mußten; da überdies eine Pfalz, in der sich zur Zeit das wandelnde Hoflager befand, der Sammelplatz vieler Prälaten, Reichsbeamten, und fremden Gesandten, war, die mit ihrer Dienerschaft ebenfalls unentgeldlich bewirthet werden mußten: so wurden die Vorräthe während der Anwesenheit des Königs völlig aufgezehrt, und mußten zu dieser Bestimmung aufbewahrt werden; ja, wenn sie nicht zureichten, mußten die Wirthschafter der benachbarten königlichen Güter das Fehlende liefern. Dies ist der erste und vorzüglichste Grund der Allgemeinheit und langen Dauer der Administration. Daran schließt sich ein zweiter Grund dieser Benutzungsmethode, der eben so genau mit dem Haupt-Erwerbzweige der Nation zusammenhängt. Zur Unterhaltung der königlichen Familie, des Hofstaates, und der Fremden, war der Ertrag der landesherrlichen Güter hinreichend. An Speculationen, durch Verpachtung die Ländereyen höher zu nutzen, war nicht zu denken; kein Anreitz dazu von aussen, da die Staatsbedürfnisse noch gering waren.

Wie der Hof-Etat von dem Ertrage der landesherrlichen Güter bestritten wurde, eben so, mittelbar, der Civil- und Militair-Etat: alle Staats- und Kriegs-Beamte dienten für den Lehnbesitz gewisser königlichen Grundstücke. Als mitwirkender Grund der Bewirthschaftung der königlichen Güter auf eigene Rechnung, muß noch der Umstand angesehen werden, daß auch unter den Privatpersonen Speculationsgeist und ländliche Indüstrie bei weitem noch nicht in dem Grade erwacht waren, daß eine bedeutende Nachfrage nach Pachtungen königlicher Ländereyen Statt gehabt, die auf diese Benutzungs-Art aufmerksam gemacht, hätte. Pachtungen waren bis jetzt nur in Ansehung der Stifts- und Kloster-Güter bekannt. Viele Geistliche meinten es ernstlich mit ihrem Berufe; da sich nun dieser mit der Selbstbewirthschaftung weitläuftiger Güter nicht vertrug, so verpachteten sie häufig die Kirchenländereyen, und zwar theilweise an ärmere Freye. Nicht selten wurden sie auch, in Fällen der öffentlichen Noth, von den Königen gezwungen, einen Theil ihrer Güter auf einige Jahre zu verpachten, und die Pachtgelder dem königlichen Fiscus zu überlassen [1]). Im Ganzen aber war das Verpachtungswesen noch wenig im Gange; und große Domainen-Pachtungen, von unternehmenden und bemittelten Landwirthen gesucht, konnten, dem damahligen Zustande des bürgerlichen Lebens zufolge, gar nicht vorkommen. Ist nämlich in einem Lande die Maschine des gesammten Verkehrs ein Mahl in Bewegung, so besteht freilich eine beständige Wechselwirkung zwischen ländlichem und

1) Carlomanni Cap. apud Liptinas, a. 743. c. 2. ap. Baluz. I. p. 149.
Pipini Cap. Metense, a. 756. c. 4. ibid. p. 178.
Caroli M. Cap. a. 779. c. 13. ibid. p. 197.

städtischem Fleiße, vermöge deren nicht blos die städtische Indüstrie wohlthätig auf die ländliche wirkt, sondern auch gegenseitig jeder äussere Umstand, der die Landwirthschaft weiter bringt, mittelbar den Kunstfleiß und Handel erweitert. Damit aber die Maschine des Verkehrs überhaupt erst in Bewegung gesetzt, und diese Wechselwirkung hervorgebracht werde, muß der erste Anstoß von städtischer Betriebsamkeit ausgehn; diese ist wenigstens bis jetzt überall die primitive Kraft gewesen, welche die ländliche Indüstrie erweckt hat. Denn so lange sich unter einer Nation die Landwirthschaft nicht über die Grenzen des eigenen Bedarfs hinaus erstreckt, kann sie nicht Indüstrie genannt werden. Erst wann die Landwirthe mehr hervorbringen, als zur Unterhaltung ihrer Familie erforderlich ist; wann sie den Ueberfluß zur Verzehrung oder zur Verarbeitung in die Städte verkaufen, wird jene Benennung zulässig. Städtisches Gewerbe ist mithin der erste und wirksamste Sporn der Emsigkeit und des Unternehmungsgeistes in der Landwirthschaft; viele Jahrhunderte aber fehlte dieses wesentliche Reitzmittel: keine städtische Verarbeitung der ländlichen Produkte, da die geringern Ministerialen auf den Höfen des Königs, des Adels, der Stifter und Klöster, die nöthigsten Handwerke trieben; wenig Märkte, zum Absatze der überflüssigen Produkte des thätigen Landwirths; kein Geld-Umlauf; geringe Bevölkerung; wenig Concurrenz. Nicht zu verwundern ist es daher, daß ländliche Indüstrie nicht zu den Eigenschaften unserer Vorfahren gehörte; daß unter andern keine ins Große gehende Pachtungen, am wenigsten von königlichen Gütern, vorkommen.

Zweiter Abschnitt.

Administrations-Behörden.

Erste Periode.

Von Karln dem Großen bis zu den letzten Karolingern.

I.

Unterbehörde: Amtsverwalter.

Mancherley waren sowohl im Lateinischen, als nachher im Deutschen, die Namen des Beamten, der auf einem königlichen Gute unmittelbar die Wirthschaft führte. Im Deutschen kann Amtsverwalter als die gemeine Benennung angenommen werden, dem Geschäfte der Verwaltung eines königlichen Domainen-Amtes am meisten angemessen. In den Lateinischen Urkunden und historischen Schriften des Mittel-Alters heißt er am häufigsten Villicus [1]), oft aber auch Actor [2]), welches mit dem Deutschen Worte

1) Caroli M. Cap. de villis. —
Ejusd. Cap. II. a. 813. c. 19. ap. Baluz. I. p. 510.

2) Gregor. Tur. IX. 38.
Ludovici pii Cap. IV. a. 819. c. 6. ap. Baluz. I. p. 612.
Capitularium l. IV. c. 5.
Ludovici pii et Lotharii Dipl. a. 827. ap. Martene et Durand. ampl. coll. T. II. p. 25.

Schaffer zusammentrift; ferner Domesticus [1]), Gastaldio [2]), oder Gastaldius [3]). Zu manchen Domainen-Aemtern gehörten verschiedene, in der Nachbarschaft liegende, Vorwerke und Gehöfde [4]); ein Inbegriff solcher Zugehörungen, nebst der Haupt-Villa, insgesammt unter der Aufsicht des Actor oder Domesticus, führten den Namen: Actio domestici [5]). Der Ausdruck Gastaldius ist wahrscheinlich das verderbte Deutsche Haushalter, folglich einerley mit dem bisweilen vorkommenden Haistaldus oder Haishaldus [6]). Der Amtsverwalter hatte die Aufsicht über das Ganze der Wirthschaft, und über das Gesinde oder die sämmtlichen Ministerialen, so wie über die dienstpflichtigen Hintersassen; er führte die nöthigen wirthschaftlichen Register und Rechnungs-

---

1) Lex Ripuar. tit. 88. —
Marculf, l. II. form. 52.
Capitularium l. I. c. 126.

2) Friderici I. dipl. a. 1157. ap. Oefele, script. rer. Boic. T. II. p. 82.

3) Lotharii I. imp. Leges, tit. 73. ap. Murator. scriptt. rer. Ital. T. I. P. II. p. 146. et ap. Baluz. T. II. p. 326: »(concedimus Gastaldiis nostris, curtes nostras providentibus etc.)«
Ottonis I. dipl. a. 967. ap. Meibom., scriptt. rer. Germ. T. I. p. 752.

4) Caroli M. Cap. de ministerialibus palatinis, c. 2. ap. Baluz. I. p. 342.

5) Marculf, l. I. form. 39.

6) Annal. Bertin. a. 869. — Registrum Prumiense, ap. Leibnitz, Collectan. etymol. Ed. Eccard. P. II. p. 420. 421. 449.

bücher; schloß zu Weihnachten die Rechnungen ab, und reichte einen Auszug davon an die Oberbehörde ein [1]); hatte die Vorräthe in Verwahrung; besorgte die Verpflegung des königlichen Hoflagers, so oft sich dasselbe auf der Villa befand [2]); war auch über das Forst- und Jagdwesen gesetzt [3]), und die Förster, zu den Ministerialen gehörig, waren ihm untergeordnet. — — — Zu seinen Obliegenheiten gehörten ferner die Aufsicht über den baulichen Zustand der sämmtlichen Wohn- und Wirthschafts-Gebäude [4]), die Verwaltung der Polizeygerichtsbarkeit auf den Domainen-Dörfern [5]), weshalb er oft Judex genannt wird [6]), und, bis zur Ausbildung des Lehndienstes, die Besorgung des Cantonwesens unter der Leitung des Kreisgrafen [7]).

---

1) Caroli M. Cap. de villis, c. 62.
2) Gregor. Tur. l. X. c. 28.
3) Caroli M. Cap. II. a. 813. c. 19. ap. Baluz. I. p. 510.
Ludovici pii et Lotharii Dipl. a. 827. ap. Mart. et Dur. T. II. p. 25.
4) Caroli M. Cap. II. a. 813. c. 19. l. c.
Ejusd. Cap. de villis, c. 41.
5) Lex Ripuar. tit. 88. —
Pipini, regis Italiae, Capit. excerpta ex lege Longob., c. 10. ap. Baluz. I. p. 544. et ap. Murator. l. c. p. 119. —
Cap. de villis, c. 56.
Conradi III. Dipl. a. 1140. ap. Guden. Cod. dipl. I. p. 122.
6) Caroli M. Cap. de villis.
7) Ludovici II. imp. Capit. tit. IV. c. I. ap. Baluz. T. II. p. 359.

Wie überhaupt in den frühern Zeiten Niemand für ein Geldgehalt diente, so erhielt auch der Amtsverwalter kein solches, sondern es war mit seiner Stelle die Nutzung einiger Ländereyen (Beneficien), und der Genuß gewisser Leistungen der Hintersassen, verbunden [1]). Unter diesen Bedingungen waren auch die Wirthschafter der Prälaten und Fürsten angestellt; z. B. jedem Verwalter eines Paderbornschen Stiftsgutes wurden von dem Bischofe Meinwerk († 1036) funfzehn Morgen Landes zur Nutzung eingeräumt, wovon kein Zehent entrichtet werden sollte [2]); der Verwalter zu Furden, einer Villa des Klosters Abrinsberg (Abramsberg) in der Rheingegend, hatte eine Hufe Landes zu seinem Gebrauche, und erhielt jährlich von den Unterthanen daselbst ein Kamisol, und den Zehent von den Unterthanen des zugehörigen Vorwerks Erlebach, nebst einer Lieferung an Heu von verschiednen Dörfern [3]); gewisse Höfe in einigen Dörfern an der Mosel wurden einst von allen Leistungen an den Villikus freygesprochen [4]).

II. Mit-

---

1) Capitularium l. I. c. 126. ap. Baluz. I. p. 727.

2) Vita Meinwerci, ap. Leibnitz. scriptt. rer. Bruns ill. T. I. p. 563.

3) Anshelmi, Abbatis Lauresh., dipl. a. 1094. ap. Tolner. Cod. dipl. Pal. p. 17.

4) Wilhelmi, Comitis Palatini Rheni, dipl. a. 1136. ap. eund. p. 36.

II.

Mittelbehörde: Gaugraf oder Kreis-Aufseher.

Daß die Grafen zugleich Finanzbeamte gewesen sind, und daß unter andern zu ihren Amtspflichten die Ober-Aufsicht über die Domainen-Wirthschaft innerhalb ihres Sprengels, über die Amtsverwalter, und das Verpflegungswesen des Hoflagers, gehört hat, ergiebt sich aus einigen deutlichen, wenn gleich nur wenigen, Stellen der Urkunden. Als der königliche Hof im Jahre 591 nach Paris kam, fanden sich mehrere Amtsverwalter und Grafen daselbst ein, um die Verpflegungsgeschäfte zu besorgen [1]. — Aus Freude über die Geburt eines Prinzen erließ einst ein König den Befehl an die Grafen, daß auf jeder Villa drey Unfreye beiderley Geschlechts die Freiheit erhalten sollten.

In dem Formular der Verordnung, die für jeden Grafen einzeln darüber ausgefertigt wurde, stehn die entscheidenden Worte: »auf allen unsern »Villen, die zu Eurem, oder im ganzen Reiche zu »dem Wirkungskreise anderer Domainenbeamten, »gehören [2].« — Ein Graf Richard wird unter Karls des Großen Regierung ausdrücklich genannt: Aufseher königlicher Villen [3].

1) Gregor. Tur. X. 28.
2) Marculf. l. I. form. 39.
3) Vita Ludovici pii, c. 6. a. 795. ap. Bouquet. VI. p. 90.

In der Eigenschaft als Domainenbeamte führten die Grafen auch die Ober-Aufsicht über die landesherrlichen Forsten [1]). Da der Graf auch die Gerichtsbarkeit über die Domainen-Unterthanen seines Kreises verwaltete, so war er in Beziehung auf Domainenwesen gerade das, was jetzt in einigen Deutschen Landen der Oberamtmann oder schlechthin Amtmann, d. i. Justizbeamte der Domainenämter, ist; wovon die Ausführung unten folgt.

III.

Oberbehörde: Missus.

Bekanntlich waren die königlichen Missi, die während der Karolingischen Periode häufig vorkommen, ausserordentliche General-Commissarien, deren Vollmacht sich auf alle öffentliche Angelegenheiten erstreckte. Unter andern mußten sie die königlichen Güter bereisen, und auf jedem sowohl in wirthschaftlicher, als in rechtlicher, Hinsicht, den Amtsverwalter und den Grafen controlliren. Sie untersuchten den Zustand der Felder, Gärten, Forsten, des Viehstandes, und der Gebäude; sahen die Vorräthe nach; und nahmen den Verwaltern die Rechnungen ab [2]). Untersuchungen über den Zustand der Rechtspflege, und

1) Ludovici pii Cap. V. a. 819. c. 22. ap. Baluz. I. p. 617. — ap. Bouq. VI. p. 427.
Eginhart. epist. VII. ap. Bouquet. VI. 370.

2) Caroli M. Cap. II. a. 813. c. 19. ap. eund. I. p. 510.
Ludovici pii Cap. V. a. 819. c. 22. l. c. p. 617.

Entscheidungen zweiter Instanz in wichtigen Rechtsfällen der Domainen-Unterthanen, gehörten vorzüglich zu dem Zweck ihrer Sendung [1]. In dieser Eigenschaft als Oberrichter controllirten sie die Verwaltung der Pfalzgrafen [2]. Verfassungsmäßig sollten sie alle Vierteljahre, und an vier Orten ihres Commissions-Distrikts, einen Obergerichtstag halten, und die Grafen dazu entbieten [3].

Zweite Periode.

Von den letzten Karolingern bis zu den ersten Königen aus dem Hause der Herzoge von Sachsen.

I.

Unterbehörde: Amtsverwalter.

Da die bisherige Methode der Domainenbenutzung fortdauerte, so bedarf es keiner Erwähnung, daß jede königliche Villa ihren Verwalter oder Wirthschaftsbeamten behielt, meistentheils unter dem Namen Villicus.

---

1) Caroli M. Cap IV. a. 803. c. 7., l. c. p. 398. —

2) Caroli crassi dipl. a. 880. ap. Ughell. Ital. sacr T. II. Ed. sec. p. 149.

3) Caroli M. Cap. III. a. 812. c. 8. ap. Baluz. I. p. 498.

II.

Oberbehörden.

In Ansehung der Oberbehörden aber ging eine bedeutende Veränderung vor, seitdem Ostfranken oder Deutschland ein selbstständiges Reich geworden war, und besonders seitdem Ludwig, der erste Deutsche König, ungeachtet der traurigen Erfahrungen von den Folgen der Ländertheilungen, seinen Theil des Fränkischen Staats, das damahlige Deutschland, wieder unter seine drey Söhne getheilt hatte.

1.

Kammer-Nuntien in Franken und Schwaben.

Im Herzen von Deutschland gelegen, daher ziemlich geschützt gegen die Ueberfälle feindlicher Nachbarn, hatten diese beiden Provinzen anfänglich keine militairische Verfassung, wie die übrigen; sondern standen unter der bloßen Civilverwaltung sogenannter Kammer-Nuntien [1]), deren Würde eine Modification der in Abgang gekommenen Würde eines Missus war. Wie diese letztern, so waren auch die Kammer-Nuntien theils Ober-Aufseher des gesammten Finanzwesens, also unter andern der Domainenwirthschaft,

---

1) Joach. Vadian. de collegg. et monast Germ. vett. l. I. ap. Goldast. Scriptt. rer. Alam. T. III. p. 36. Ed. 1606.

theils höhere Rechts-Instanz für die Grafengerichte; es dauerte sogar die Einrichtung fort, daß die Obergerichtstage vier Mahl im Jahre, und zwar in denselben Monaten, gehalten wurden, im Januar, April, Julius, und Oktober [1]). Die Kammer-Nuntien waren also von den ehemahligen Missis blos darin verschieden, daß sie ordentliche und beständige königliche Bevollmächtigte waren.

Durch die Freigebigkeit der Könige waren viele Domainengüter in dem Umfange der Fränkisch-Rheinischen Kammer-Nuntiatur an den Erzbischof von Mainz, und in dem, der Schwäbischen, an den Bischof von Constanz, gekommen. Aufgebracht und neidisch darüber, daß diese Güter ihrer Verwaltung entzogen, und ihre Einkünfte dadurch verringert, wurden, verfolgten die Kammer-Nuntien diese beiden Prälaten, und suchten ihnen Manches wieder ab zu pressen. Auf das höchste stieg ihre Frechheit seit der Regierung des Königs Arnulf.

Schwaben war damahls in zwey solcher Nuntiaturen getheilt, die von zweyen Brüdern, Bertold und Erchinger, verwaltet wurden. Namentlich waren diese darüber neidisch, daß die Könige dem Bischofe Salomon von Constanz gewisse Ländereyen geschenkt hatten, die zu der Reichsdomaine Bodman, also zu ihrem Verwaltungs-Sprengel, gehörten.

1) Ibid.

Sie stellten dem Bischofe nach, um ihn gefangen zu nehmen; der Plan ward aber vereitelt. Sie wurden bei dem Könige Arnulf angeklagt, und ein Fürstenrecht erkannte auf Todesstrafe, oder wenigstens auf Landesverweisung. Blos auf die großmüthige Fürbitte des Klägers, und des Erzbischofs Hatto von Mainz, ward ihnen die Strafe erlassen; sie blieben sogar im Besitze ihres Amts. Gleichwohl versuchten die habsüchtigen und feindseligen Menschen nach verschiedenen Jahren neue Nachstellungen gegen den Bischof Salomon; sie wurden daher, zufolge eines Fürstenrechts, im Jahre 917 unter Konrad dem ersten zu Mainz gehalten, öffentlich enthauptet. Schwaben erhielt nun einen Herzog; den ersten in der Person eines gewissen Burchard [1]).

2.
Herzoge und Markgrafen in den übrigen Provinzen.

Schon durch die Theilung des großen Fränkischen Reichs in drey abgesonderte Staaten ward jeder einzelne derselben geschwächt, und weniger fähig, die räuberischen Versuche herumziehender Völkerhorden zu verhindern. Noch mehr aber ward das un-

1) Ekkehard. jun. de Casibus monasterii S. Galli in Alemannia (a. 890 — 1071), c. I. ap. Goldast. l. c. T. I. P. I. p 40 — 45. — Joach. Vadian. l. c. Herrmann. Contract. Chron. a. 917.

glückliche Deutschland durch nochmalige Zerstückelung in drey Patrimonial-Reiche entkräftet, und den verheerenden Ueberfällen dreyer wilden Völkerschaften blos gestellt: der Normannen in Westen, aus Frankreich herüber, der Ungarn in Südosten, und der Wenden in Nordosten; so daß der Fränkische Staat, nach seiner Theilung, beinah das Schicksal des Römischen, nach der Theilung, gehabt hätte: die Beute herumziehender rohen Völker zu werden. Die beständige Unsicherheit, und daher die dringende Nothwendigkeit wirksamer Vertheidigungsanstalten, führten darauf, die öffentliche Verfassung, den Grundzügen nach, militairisch einzurichten, in jeder Provinz eine vornehme Militairperson mit ausgedehnter Gewalt, als General-Statthalter, anzustellen, und derselben alle öffentliche Behörden der Provinz unterzuordnen. Wenn diese Maßregel noch jetzt in mißlichen Zeitpunkten beliebt wird, wie viel weniger mußte sie anstößig seyn in jenen Zeiten der mangelhaften Staatsverfassung, wo theils die Staats- und Hof-Aemter noch nicht getrennt, theils die weltlichen Beamten sämmtlich zugleich Militairpersonen waren! In den meisten Provinzen führten die Generalstatthalter den Titel Herzoge, hergenommen von ihrem Hauptberufe; in den übrigen, nämlich denen, die unmittelbar die Grenze gefährlicher Feinde berührten, also gleichsam zu Reichs-Vorposten eingerichtet werden mußten, den Titel Markgrafen, d. i. Grenz-Gouverneurs. Die Bestallung eines Herzogs oder Markgrafen war von demselben Inhalte, wie bisher die Instruktion eines Missus; nur war die Stelle der beiden erstern ordentlich und immerwährend, und auf die Nutzung gewisser landesherrlichen Ländereyen gegründet. Sie hatten in ihren herzoglichen und markgräflichen Departements die Ober-Aufsicht über die gesammte Militair- Polizey- Justiz- und Finanz-Verwaltung, also unter andern über den Zustand und die Bewirthschaftung der königlichen Güter; und zwar führten sie die Aufsicht über die letztern und über die Amtsverwalter unmittelbar, mit Uebergehung der bisherigen Mittel-Instanz, der Grafen, da ihr Verwaltungsbezirk von weit geringerm Umfange, also leichter zu übersehen war, als der, eines bisherigen Missus; vorzüglich aber, da sie beständig in der Provinz gegenwärtig waren. Blos die Gerichtsbarkeit verwalteten ferner die Grafen. Als die drey Theile von Deutschland wieder in ein Ganzes vereinigt, auch in der Folge die feindlichen Einbrüche nicht mehr von allen Seiten so häufig und verheerend waren, blieb die Stelle der Herzoge gleichwohl. Innere Feinde machten die Fortsetzung derselben nothwendig. Gewaltthätigkeiten und Umgriffe der hohen und niedern Staatsbeamten, Parteigeist und Getheiltheit des Interesse, — unvermeidliche Folgen des Wahlreichs und der Lehnverfassung, — fingen an, Deutschland zu zerrütten. Seitdem ist es den Völkerschaften dieses Reichs nicht gelungen, zu einem festen staatsrechtlichen Bunde vereinigt zu werden; immer haben sie unter sich gewisser Maßen blos in genauern völkerrechtlichen Verhältnissen gestanden.

Dritte Periode.

Von den ersten Königen aus dem herzoglich-Sächsischen Hause bis zum Ursprunge der Landeshoheit im dreyzehnten Jahrhunderte.

I.

Unterbehörde: Amtsverwalter.

Jahrhunderte lang dauerte noch die Bewirthschaftung der landesherrlichen Güter auf eigene Rechnung, und durch besondere, auf Gehalt gesetzte, Wirthschafts-Beamte. Diese führen während der dritten Periode am häufigsten den Namen Majores villarum [1]), auch Pensionarii [2]).

II.

Oberbehörde: Pfalzgrafen.

Pfalzen, Palatia publica oder regia, hießen diejenigen Domainen, auf denen sich herrschaftliche

1) Conradi III. dipl. a. 1140. ap. Lünig. spic. eccl. P. III. p 795: »villicus, qui vulgariter *major* vocatur.«

2) Placitum quoddam a. 1292. ap. Hontheim hist. Trev. dipl. T. I. p. 826.

Wohngebäude befanden; wo daher die Könige abwechselnd ihren Aufenthalt nahmen, und feyerlichen Reichshof, Fürstenrecht, Reichstage, hielten. Da nun die meisten Verhandlungen sowohl über politische und rechtliche Gegenstände überhaupt, als über die Gerechtsame des Königs insbesondere, in öffentlichen Versammlungen geschahen, die in einer Pfalz, am zeitigen Hoflager, gehalten wurden, so führten solche Zusammenkünfte im Allgemeinen den Namen conventus palatini, oder placita palatina; und der Staatsbeamte, der als Stellvertreter des Königs, vorzüglich in dessen Abwesenheit, die Rechte desselben wahrnahm, hatte schon längst davon Comes palatinus geheissen. Es ist ein zu enger Begriff, Comes oder Graf durch Richter zu übersetzen; freilich hatte jeder Graf eine Gerichtsbarkeit; die Würde umfaßte aber noch mehr, da, bey dem mangelhaften Staats-Organismus, die Verwaltungszweige noch nicht gesondert waren. Richtiger und allein erschöpfend ist die Uebersetzung durch Aufseher oder Meister; Comes palatinus also: Hofmeister, Aufseher der Pfalzen. Fälschlich haben manche Geschichtforscher einen Unterschied gemacht zwischen comes palatii, und comes palatinus: jener sey eigentlicher Hofrichter gewesen, und habe sich beständig um die Person des Königs befunden; diese aber — bloße Landrichter in den Provinzial-Pfalzen. Da es keine Hauptstadt, kein festes und bleibendes Hoflager, gab, so waren ja alle Pfalzen nichts weiter als Provinzial-Pfalzen. Daß dieser Unterschied erkünstelt, und in die Geschichte hinein getragen sey, erhellt am meisten daraus, daß mancher Pfalzgraf, z. B. ein gewisser Ansfried, unter beiden Modificationen des Amtstitels vorkömmt, sowohl comes palatii, als comes palatinus, genannt wird [1]).

Die richterlichen Geschäfte eines Pfalzgrafen werden hier, als fremdartig, übergangen; blos die Erwähnung ist dem Zwecke dieser Abhandlung angemessen, daß schon in der Fränkischen Periode der Pfalzgraf zu Commissionen in Domainen- und Forstsachen gebraucht wurde, wenn es auf Rechtsfragen dabey ankam [2]).

Neben den Justizgeschäften gehörte die Verwaltung des Finanzwesens in dem herzoglichen Sprengel, insbesondere die Aufsicht über die Bewirthschaftung der Reichsdomainen, zu den Amtspflichten des Pfalzgrafen. Er war also beständiger und ordentlicher königlicher Missus oder Kammer-Nuntius, Landvoigt, Provinzial-Prokurator, Präfekt. — Einem Pfalzgrafen von Sachsen, Namens Athelbert, aus dem Hause der Grafen von Sommerschenburg, wird ausdrücklich eine Präfektur

---

1) Chronicon Lauresh. ap. Freher Scriptt. rer. Germ. T. I. p. 66.

2) Ludovici pii dipl. a. 827. ap. Martene et Dur. ampl. coll. T. II. p. 25.

beigelegt [1]); — eben so einem gewissen Degenhard von Hellenstein eine Prokuratur der Reichsdomainen in Schwaben [2]), und einem Gerhard von Sinzich eine solche an der Mosel [3]); — dem Pfalzgrafen von Bayern, Otto, eine Voigtey über die Bayerschen Reichsländereyen [4]). Am deutlichsten geht die Verpflichtung des Pfalzgrafen, die Aufsicht über das Domainenwesen zu führen, aus einer merkwürdigen historischen Stelle hervor, wo von dem Pfalzgrafen von Nieder-Lothringen, Ehrenfried oder Ezo, erzählt wird, er habe zu Aachen eine Zusammenkunft mit allen Lothringischen Amtsverwaltern (Mayern) gehalten: aller Wahrscheinlichkeit nach eine Haupt-Rechnungsabnahme [5]). Als Oberbeamter der fiscalischen Güter der Provinz reichte der Pfalzgraf in des Königs Namen die geringern Reichslehngüter an die Kriegsministerialen [6]).

---

1) Tangmar, vita S. Bernwardi, episc. Hildesh. c. I. ap. Leibnitz, Scriptt. rer. Bruns. T. I. p. 442.

2) Conradi, Abb. Ursperg., Chron., ed. Argentorati 1538. fol. p. 325.

3) Friderici II. dipl. a. 1216. ap. Guden. cod. dipl. T. II. p. 933.

4) Leopoldi, ducis Bavar., dipl. a. 1140: in monumentis Boicis, Vol. XIII. p. 171.

5) Monachi Brunwill. narratio de venerab. comit. pal. Ehrenfrido etc. ap. Leibnitz. l. c. p. 318.

6) Friderici I. dipl. a. 1160. in Monument. Boic. T. XIV. p. 29: » per manum ejus (Friderici, palatini comitis) tradidimus etc «

Vorzüglich in vier der großen herzoglichen Provinzen kommen Pfalzgrafen vor: in Nieder-Lothringen, wo der Sitz derselben lange Zeit zu Aachen war, bis sie, nach Auflösung des größten Theils dieses Herzogthums, auf die Gegenden des Mittel-Rheins beschränkt wurden, und sich davon Rheinische Pfalzgrafen (bey Rhein) nannten; — — in Sachsen, dessen Pfalzgrafen aus verschiedenen der damahligen Magnatenfamilien gewesen sind, besonders aus den Häusern Gosek, Sommersburg, Wettin, Merseburg, Thüringen, Meissen; — in Schwaben, mit dem Sitze zu Tübingen; — in Bayern (Ober-Pfalz), wo diese Würde bald in dem Hause der Grafen von Scheyrn und Wittelsbach [1]), und darauf in dem, der Grafen von Ortenberg [2]), erblich ward. Die Rheinischen und

---

Schwäbisches Lehnrecht, c. 146 §. 3. (ap. Senkenberg. corp. jur. Germ., curante König a Königsthal, T. II. p. 167.)

1) Conradi III. Dipl. a. 1140. ap. Hund. Metrop. Salisburg. T. I. p. 106.

Friderici I. Dipl. a. 1156. ap. Tolner. Cod. dipl. Pal. p. 51.

Ejusd. dipl. a. 1157. ap. Oefele, Scriptt. rer. Boic. T. I. p. 191.

2) Rabodonis de Ortenberg, comitis Palatini, dipl. a. 1217. ap. Hund. Bayersches Stammbuch, Th. II. p. 25.

Henrici, ducis Bavariae, dipl. a. 1262. ap. eund. p. 28.

Sächsischen Pfalzgrafen erhielten den Rang über die andern; weshalb sie zu dem Vorrechte des Reichsvicariats gelangt sind.

Ludovici, ducis Bavariae, dipl. a. 1217. ap. Oefele, l. c. T. II. p. 103: »inter testes Rapoto Palatinus de Ortemberg.«

Anhang.

Darstellung der Domainen-Administration in beiden Sicilien, unter Friedrich II., in der ersten Hälfte des dreyzehnten Jahrhunderts. Zur Vergleichung mit der Administration der Reichsdomainen in Deutschland unter der Regierung desselben Königs und Kaisers.

I.

Unterbehörden.

Auf jedem Domainengute waren zwey bis drey Beamte (Bajuli), die von da gebürtig seyn mußten, um das Oertliche genau zu kennen: ein oder zwey Oekonomie-Beamte, und ein Justiz-Beamter, welcher die Civilgerichtsbarkeit in Real- und Personal-Händeln, nebst der Lokalpolizey, ausübte [1]).

II.

Mittelbehörden.

Ueber eine gewisse Zahl von Domainen-Aemtern war ein Procurator gesetzt, zur Aufsicht über die Oekonomiebeamten, zur Wahrnehmung der Rechte der königlichen Güter, und zum Behufe der Versorgung des Hofs und der königlichen Schlösser mit Lebensmitteln [2]). Diese Prokuratoren wagten ver-

1) Utriusque Sic. Constitt. l. I. tit. 65 p. 90. tit. 71. p. 94.
2) Ibid. l. I. tit. 87. p. 109.

schiedene Bedrückungen; sie wollten z. B. die Domainen-Vasallen dem Weinzwange unterwerfen, so daß dieselben ihren Wein, nebst einigen andern Produkten, nur von dem Domainen-Amte nehmen sollten. Von Friedrich II. verboten [1]).

III.

Oberbehörde.

In der Hauptstadt war eine königliche Hofkammer, ein förmliches Landes-Collegium, mit Räthen (officialibus Camerae) [2]). Jedes Mitglied des Collegii hatte eine Provinz zu seinem Departement; ein solcher Departementsrath hieß Provinzial-Kammermeister (Magister Camerarius provinciae) [3]). Derselbe führte die Aufsicht über die Domainen-Prokuratoren seiner Provinz, nahm denselben die Rechnungen ab [4]), und war die höhere Instanz sowohl in Ansehung der Civil-Erkenntnisse [5]), als der Polizey-Verfügungen [6]) der Domainen-Justitiarien.

---

1) Tit. 89. (perperam 88) p. 110; — Druckfehler: jura, anstatt vina.)

2) Tit. 82. p. 104.

3) Tit. 88. (perperam 87) p. 109.

4) Ibid.

5) Tit. 61. p. 86. — tit. 64. p. 89. — conf. tit. 44. p. 71.

6) L. III. tit. 53. p. 288.

Zweyter

Zweiter Theil.

Landesdomainen.

Von dem Ursprunge der Landeshoheit im dreizehnten Jahrhunderte, bis in die neuesten Zeiten.

Erste Periode.

Administration,

größten Theils bis in die zweite Hälfte des siebenzehnten Jahrhunderts.

Erster Abschnitt.

Gründe der fortdauernden Administration.

Um dieselbe Zeit, als sich die bisherigen Staats- und Kirchen-Beamten zu wirklichen, selbstständigen, blos der Reichshoheit unterworfnen, Landesherrn mit eigenen Gebieten, erhoben, entwickelte sich auch das städtische Gewerbe, die erregende Urkraft, schlechterdings unentbehrlich, wenn sich die Landwirthschaft heben, und den geringen Grad, der zum eigenen Bedarfe nothwendig ist, merklich übersteigen soll. Sehr langsam ist aber die Entwickelung des gesammten Verkehrs in Deutschland gegangen; über drey Jahrhunderte sind noch verflossen, ehe das städtische Gewerbe durchdringen, und seinen Einfluß auf das ländliche behaupten konnte. Der Gang vieler Dinge in der Wirklichkeit ist nicht der Gang, den die Theorie vorzeichnet. Wenn die letztere verlangt, daß Gewerbe und Verkehr in einem Staate von der Landwirthschaft ausgehn, und bey dem Groß- und Zwischen-Handel aufhören sollen: so ist dieses blos eine schulgerechte Idee, um der Indüstrie-Polizey die Abstufung vorzuschreiben, die sie in der Beförderung des gesammten Gewerbes zu beobachten hat; in der Geschichte aber findet dieselbe selten Anwendung. Als der städtische Fleiß in Deutschland erwacht war, athmete Alles nur städtischen Fleiß; ohne Ausnahme waren die jugendlichen Versuche von Regierungskunst blos auf die Geschäfte der Bürgerschaften gerichtet. Nicht zu verwundern, daß sich Alles auf Eine Seite hinneigte, da noch kein Gegengewicht vorhanden war, da man noch keine Ahnung davon hatte, daß in der höchstmöglichen Vermehrung und Veredlung der Naturprodukte die dauerhafteste Grundlage des Wohlstandes und der innern Unabhängigkeit der Nation bestehe, daß also darauf der größte Theil des National-Capitals, und der meiste Unterstützungs-Eifer der Regierung, verwandt werden müsse. Was die Hansa für die Deutsche Nation that, war in dieser Hinsicht von keiner tief eingreifenden und allgemeinen Wirkung; aber eine verdienstliche Vorbereitung. Der unmittelbare grosse Vortheil, den die reichen Bürgerschaften den fürstlichen Rentkammern durch mehrfache Versteurung des Aufwandes, und überhaupt der Verzehrung, gewährten, bestach das Urtheil der Landesherrn, und flößte denselben die übertriebene Meinung von der Wichtigkeit des Stadtgewerbes ein. Da nun die Städte ein Mal das Idol der Fürsten und ihrer Räthe waren, so verwandten sie ausschließlich ihre Sorgfalt auf diese, und verliehen denselben die größten Vorrechte auf Kosten der Landwirthe. Aller mechanische Fleiß, Handwerksarbeiten, Bierbrauerey, wurden in die Städte gebannt; Zunftwesen derselben unter sich, und gegen die Landleute, Stapelrecht, Zölle, Abschoßrecht, eigene Gerichtsbarkeit, Polizey-Autonomie, Landstandschaft, und andere Gerechtsame, beförderten die Wohlhabenheit der Bürgerschaften. Noch war die Zeit nicht gekommen, auch den ländlichen Fleiß zum Gegenstande der Sorgfalt des Staats zu machen. Gewöhnlich fängt die Regierung erst an, eine Sache zu unterstützen, wann sich diese in ihren Anfängen von selbst gebildet, und die Regierung aufmerksam gemacht hat.

Lange Zeit blieb also die Landwirthschaft ohne

Würdigung. Noch keine Speculationen weder von Seiten der Privatpersonen, um durch Pacht-Unternehmungen zu gewinnen, noch von Seiten der Landesherrn, durch Verpachtung ihrer Kammergüter den Ertrag derselben höher zu bringen. Es blieb in Ansehung der Domainen bey dem Alten; um so mehr, da auch die Landesherrn sich häufig auf denselben mit einem zahlreichen Gefolge aufhielten, Besuche von andern Fürsten daselbst annahmen, und so die Vorräthe aufzehrten. Das übrige ward in die Küche und den Keller des Hoflagers geliefert; so daß selten Vorräthe zum Verkaufe blieben, wovon die Geld-Einnahmen in die Renthey abgeführt werden konnten. Dazu kam, daß den Hof- und Staats-Beamten ein großer Theil ihres Gehalts in Naturalien entrichtet ward, die von den Domainen-Aemtern und Vorwerken verabfolgt werden mußten. So wurden z. B. von dem Kurfürsten August von Sachsen dem Stallmeister Thile von Trotha, als derselbe auf 8 Jahre als Kammerrath und Mitglied des Kammer-Collegii zu Dresden angestellt ward, außer einem jährlichen Geldgehalte von 400 Gulden, folgende Natural-Lieferungen bewilligt: 10 Ellen Sammt, 17 Ellen Tuch, 17 Ellen Parchent, 7 Ellen Unterfutter; ferner ein Fuder Landwein, 30 Dresdner Scheffel Roggen, 35 Scheffel Malz, 2 Zentner Karpfen, 1 Zentner Hechte, 1 Ochs, 1 Speckschwein, 4 Fäßchen eingepökeltes Wildpret, halb Hirsch- halb Schwein-

Fleisch, 60 Klaftern Holz aus der Dresdner Haide, nebst freyer Fuhre bis vor die Wohnung, der gewöhnliche Schlaftrunk, dazu Futter für 7 Pferde, nebst freyer Riemer- und Sattler-Arbeit. [1]) Auch die Landstände erhielten während des Landtags freyen Hafer für eine bestimmte Zahl von Pferden. Sehr große Vorräthe mußten bei fürstlichen Vermählungen angeschaft werden, die größtentheils von den Domainen-Aemtern geliefert wurden. Der Aufwand im Essen und Trinken bey solchen Gelegenheiten, und die übertriebene Zahl der Gäste, beweisen die Rohheit des Zeitalters, die sich unter andern durch solchen Luxus äußert. Als der Herzog Ludwig von Bayern-Landshut im J. 1451 seine Vermählung feyerte, erschien unter vielen andern Gästen der Markgraf Albrecht von Anspach-Baireuth mit einem Gefolge von 1300 Menschen; vierzehn Tage lang wurden 9000 fremde Pferde gefüttert. — Der Graf Eberhard von Würtemberg bewirthete i. J. 1474 in den Tagen seines Beilagers 14000 Fremde. [2]) — Bey der Vermählung des Herzogs Ulrich von Würtemberg im J. 1511, wurden verzehrt: 136 Ochsen, 1800 Kälber, 2759 Krammtsvögel. — Zu dem Bei-

1) Bestallung des Stallmeisters Thile von Trotha zum Kammerrathe, vom 10 Nov. 1556; in Horns Sammlungen zu einer historischen Handbibliothek von Sachsen, S. 510. ff.

2) Sattlers Gesch. v. Würtemberg unter der Regierung der Grafen. B. IV. S. 112.

lager des Prinzen Wilhelm von Oranien, der sich im J. 1561 zu Leipzig mit einer Kur-Sächsischen Prinzessinn verheirathete, erschienen die Gäste mit 5647 Pferden; der Bräutigam allein kam mit einem Gefolge von 1100 Pferden, der Kurfürst Joachim II. von Brandenburg mit 812. Es wurden dabei verbraucht: 4000 Dresdner Scheffel Weitzen, 8000 Scheffel Roggen, 3600 Eimer Wein, 1600 Faß Bier, 13000 Scheffel Hafer. [1]) — Im Jahre 1596 hielt sich der Landgraf Moritz von Hessen zehn Tage lang zu Berlin auf, mit nicht weniger als 3000 Pferden. [2]) Blos von kleinen Gütern, die mit keinen herrschaftlichen Wohngebäuden versehn waren, überließen die Landesherrn nicht selten die Nutzung freyen Landleuten oder Colonen, größtentheils gegen einen Canon in Naturalien. [3])

---

1) Weck, Beschreibung und Vorstellung von Dresden, S. 351.

2) Buchholz, Ges. der Churmark Brandenburg, Th. III. S. 479, Note.

3) Henrici, Landgravii Hassiae, dipl. a. 1271. ap. Guden. cod. dipl. T. II. p. 176.

Zweiter Abschnitt.

Beyspiele von fortdaurender Administration.

1) Kursachsen.

Schon daraus erhellt die fortdaurende Domainen-Administration in diesem Lande, daß im Eingange vieler kurfürstlichen Verordnungen den Amtsverwaltern und Schössern der landesherrliche Gruß entboten wird; [1]) noch bestimmter aber aus folgenden Umständen.

1558 ward dem Hauptmanne des Erzgebirgs, Wolf von Schönberg, ein Deputat von vier Fudern Heu und sechs Schock Stroh bestimmt, das aus dem Domainen-Amte Freiberg durch den Schösser desselben an ihn verabfolgt werden sollte. [2])

1560 ward Heinrich von Einsiedel als Rath und Justiz-Amtmann der Aemter Coldiz, Leisnig, und Rochliz, angestellt, unter andern

---

1) Ausschreiben des Kurfürsten August, vom J. 1555. Bey Lünig, codex Augusteus, oder neu vermehrtes Corpus Juris Saxonici. Th. I. S. 43. —

Desgleichen vom J. 1571. ebendas. S. 155. —

Verordnung des Kurfürsten Christian II, vom J. 1603, ebendas. S. 161.

Mandat des Kurfürsten Johann Georg I, vom J. 1626, ebendas. S. 1503.

2) Bestallung Wolfs von Schönberg zum Hauptmanne des Erzgebirgs, vom Jahre 1558. bei Horn, S. 521. 522.

mit dem Auftrage, die Wirthschaftsregister und Amtsrechnungen der Schösser zu controlliren, und dieselben an die Renthey einzuschicken; auch zu wachen, daß die Wirthschafter nichts veruntreueten. [1])

1563 ward dem Hans von Karlwitz eine Quantität Hafer aus den kurfürstlichen Aemtern zugesagt, gegen die geringe Bezahlung von 8 ggr. für den Dresdner Scheffel. [2])

1584 erschien eine kurfürstliche Verordnung in Betreff der Veruntreuungen der Domainen-Wirthschafter, worin die Ausdrücke vorkommen: »bey »etzlichen unsern Dienern, welchen wir unser Ein»kommen, Geld und Güter, auf Rechnung unterge»ben und vertrauen müssen, wird große Untreue be»funden, — wodurch Schmälerung und Abgang un»serer Amts-Nutzung erfolgt.« [3]).

1609 erließ der Kurfürst Christian II. eine weitläuftige und wichtige Kameral-Verordnung, worin folgende Stellen die Selbstbewirthschaftung der Domainen deutlich genug verrathen: »wir finden in den »Rechnungen unserer Aemter, daß die Einnahmen »fallen und die Ausgaben steigen;« — »wir befehlen »unsern Kammerräthen und unserm Rentmeister, die»jenigen Ausgaben, welche die Schösser nicht hin-

1) Bestallung, ebendaselbst S. 530. 531.

2) Urkunde des Kurfürsten August vom J. 1563; ebendaselbst S. 889.

3) Bey Lünig, a. a. O., T. I. p. 1047. 1048.

»länglich belegen können, nicht passiren zu lassen;« — »wenn wir uns auf unsern Domainen aufhalten, so »sollen künftig die Vorräthe, die aus dem Amte ge»liefert werden, den Schössern bezahlt, und von die»sen in Einnahme gestellt werden.« [1])

1618 ward im Amte Voigtsberg ein gerichtliches Erkenntniß gegen einen, der Untreue angeklagten, kurfürstlichen Amtsschaffner oder Administrator abgefaßt. [2])

1660 erschien eine Fisch-Ordnung, worin den Fischern, welche Domainenfischereyen in Pacht hatten, zur Bedingung gemacht wurde, den Amtsverwaltern gegen billige Bezahlung die nöthigen Fische zu liefern, so oft der Kurfürst mit fremden Herrschaften auf dem Amte sich aufhielte. [3])

1664 ward eine Küchen-Ordnung publicirt, mit folgenden Stellen in Beziehung auf Domainen-Administration: »der Hofmarschall, Küchenmeister, und »Haushofmeister, sollen einen Ueberschlag machen, »wie viel sie aus den Aemtern und von den Vor-

---

1) Generalbefehl des Kurfürsten Christian II, vom J. 1609, bey Lünig, a. a. O., Th. II. S. 1362. 1363. 1364.

2) Philipp David a Kirchheim disputatio de rationibus et rationariis, vulgo: von Rechnungen und verrechnenden Dienern. Argentorati, 1672. p. 46. 47.

3) Kurfürstl. Sächs. Fisch-Ordnung von Johann Georg II, um 1660; — bey J. B. v. Rohr, Vorrath von allerhand auserlesenen Contrakten, Bestallungen rc. Leipzig, 1719. 4. S. 859.

»werken brauchen;« — »Fische, sie mögen aus dem »Vorrathe genommen, oder erkauft werden;« — »was an Vieh, Butter, Milch und Gartengewächs»sen von den Amtleuten, und von den Vorwerken, »in unsere Küche geschickt wird.« [1])

Bey vielen Kursächsischen Aemtern befinden sich keine Wirthschaftshöfe und unmittelbare Ländereyen, sondern die Einkünfte bestehn blos in trocknen Gefällen, in Getreide- und Geld-Leistungen der Amtssassen. Solche Aemter werden noch jetzt am schicklichsten administrirt; und sie allein müssen verstanden werden, wenn in neuern Zeiten landesherrliche Verordnungen vorkommen, worin von Amts-Rentverwaltern und deren Amts-Administration die Rede ist. Die Administration der, mit Oekonomien versehenen, Domainen, muß jedoch bis tief in die zweite Hälfte des siebenzehnten Jahrhunderts gedauert haben; denn in dem bekannten Werke von Wabst, welches im J. 1732 erschien, wird gesagt: »die Schösser haben vor»mahls die Aemter in bloßer Administration gehabt, »bis vor einiger Zeit die Verpachtung derselben »aufgekommen ist.« [2])

2) Sachsen-Gotha.

Einige Stellen in dem Testamente des Herzogs Ernst vom J. 1654, geben deutlich genug zu er-

1) Küchen-Ordnung vom J. 1664, ebendas. S. 872—874.
2) Wabst, historische Nachrichten von des Kurfürstenthums

kennen, daß die Aemter damahls auf landesherrliche Rechnung verwaltet wurden. »Weil es sehr schäd»lich ist, wenn die Haushaltungen auf den Aemtern »oft verändert werden, so soll die Veränderung der »Bedienten, so viel möglich verhütet werden ꝛc;« — »von den Beamten und andern Bedienten soll alles »treulich berechnet, und jährlich ihre Rechnungen zu »rechter Zeit übergeben werden ꝛc.« [1])

3) Kurbrandenburg.

In den Kurbrandenburgischen Provinzen hat die Domainen-Administration mit einigen Modificationen bis zum Jahre 1684 Statt gehabt. Je besser der Zustand und die Verfassung der Kurbrandenburgischen Domainen jetzt ist, desto schlechter war beides häufig in den vorigen Zeiten. Viele Domainengüter waren verpfändet; und auf den übrigen wurden die Aufsicht von Seiten der Regierung, und die Bewirthschaftung und das Rechnungswesen von Seiten der Verwalter und Amtsschreiber, sehr vernachlässigt. Dem Kurfürsten Johann Georg (1571—1598) gereicht es zum Ruhme, unter andern staatswirthschaftlichen Einrichtungen, die meisten Domainen wieder einge-

---

Sachsen jetziger Verfassung der hohen und niedern Justiz. S. 253.

1) Bey Lünig, des Deutschen Reichs-Archivs partis specialis Continuatio II, der vierten Abtheilung zweiter Absatz, S. 480. 482.

löset, und sich deshalb mit den Pfandbesitzern abgefunden, zu haben. Sein thätiger Enkel Johann Sigismund publicirte 1617 eine Amts-Ordnung zur Vorschrift für die Amtshauptleute, Amts- und Korn-Schreiber, und zur Verbesserung des zerrütteten Domainenwesens. [1]) So glücklich die Anfänge der Landeskultur und einer bessern Staatswirthschaft waren, so vertilgten doch die allgemeinen und langwierigen Verwirrungen des dreissigjährigen Kriegs fast Alles wieder. Viele Domainen wurden von neuem pfandweise veräußert. Erst mit der Mitte des siebenzehnten Jahrhunderts, bald nach dem Ende dieses verderblichen Kriegs, nahm die Reihe der wichtigen Reformen, zum Theil aber auch der mißlichen Experimente in Ansehung des Domainenwesens, den Anfang. Friedrich Wilhelm der Große erließ im J. 1650, unter dem 8ten Julius, eine Verordnung, der zufolge von einer besondern Commission eine allgemeine Revision der Domainen, sowohl der noch vorhandenen, unmittelbar genutzten, als der verpfände-

---

1) In (Fischbachs) historischen Beiträgen, die königl. Preuss. und benachbarte Staaten betreffend. 4. Dritten Theils erster Band, S. 45 - 56. —
(Der Sammler dieser historischen Beiträge hat die Materialien, welche das Brandenburgsche Domainenwesen betreffen, aus dem alten geheimen Archiv des vormahligen Finanzdirectorii zu Berlin, und aus der geheimen Registratur des Generaldirectorii daselbst, genommen.)

ten, vorgenommen werden sollte: beide mußten nebst allen Zugehörungen besonders verzeichnet werden, mit Angabe des wirklichen oder muthmaßlichen Ertrags jeder einzelnen, und in Ansehung der verpfändeten, mit beigefügten Vorschlägen der Einlösung. Dieses Geschäft war mit großen Schwierigkeiten verbunden, ging deshalb sehr langsam von Statten; und mit verschiedenen Domainengütern gelang es gar nicht. Da man jetzt bessere Vorkenntnisse zu dem Untersuchungsgeschäfte mitbrachte, und dabey mehr Ernst und Beharrlichkeit anwandte, als in den vorigen Zeiten, so entdeckte man erst die großen Gebrechen der bisherigen Domainenverfassung. Es waren entweder gar keine, oder sehr unvollständige, Lagerbücher und Erbregister vorhanden; keine Vermessungen, keine Grundrisse, wenig Verzeichnisse der Inventarienstücke, viele Ansprüche, daher Furcht vor Prozessen.

Nachdem jedoch so viel möglich einige Ordnung in die zerrüttete Domainenwirthschaft gebracht, auch mehrere Güter eingelöset, eingezogen, und wieder zu Domainen-Aemtern eingerichtet, worden waren, so nahm um das Jahr 1660 eine Benutzungsart den Anfang, die damahls Pacht genannt wurde, eigentlich aber eine Art von Gewährs-Administration war. Dem Oekonomie-Beamten ward das Amt mit allen Zugehörungen in Bausch und Bogen übergeben; ohne Anschlag, ohne Vermessung des Landes, nach einer bloßen Schätzung desselben. Er verpflichtete sich zur Ablieferung einer bestimmten Summe, theils in Naturalien, theils in Gelde. Durch diese Bedingung wollte man dem Uebel des schwankenden Etats entgehn, das bey der reinen Administration unvermeidlich ist. Es erhoben sich aber bald so große Beschwerden, daß diese Methode nicht lange beybehalten wurde. Denn da die Gewährs-Administratoren blos die bedungene feste Summe zu erfüllen hatten; alles mithin, was über diese Summe einkam, ihr Gewinn war: so drückten sie die Unterthanen, sogen das Land aus, verfuhren treulos und habsüchtig. Sie hatten viele Gelegenheit, sich in wenigen Jahren zu bereichern, da die Kammer keine Kenntniß weder von dem Areal, noch von der Güte des Bodens, und der angemessenen Aussaat, hatte; und, wenn auch eine Sage von der Morgenzahl herkommlich war, es doch ungewiß blieb, welche Zahl von Quadratruthen unter einem Morgen verstanden werde, und ob in dieser Angabe das jedesmahlige Brachfeld mitbegriffen sey.

Nur funfzehn bis sechszehn Jahre hat diese Methode gedauert. Seit dem Jahre 1676 suchte der geheime Staatsrath, Hofkammer-Präsident und Amtshauptmann von Lebus und Fürstenwalde, Bodo von Gladebek, die Staats-Einkünfte durch Wieder-Einführung der reinen Administration zu vermehren, nach welcher die Beamten alles zu berechnen und abzuliefern sich verpflichten mußten.

So löblich die Absicht dieses Finanzmanns war, so große Verwirrungen entstanden in der Staatswirthschaft durch seine Einrichtung. Die Domainen-Etats wurden wiederum schwankend; den, auf die Domainenkassen angewiesenen, Ausgaben, entsprachen keine feste Einnahmen mehr. Dennoch führte er seinen Plan in Ansehung vieler Domainen-Aemter aus, bis man seit 1684 zur Verpachtung zu greifen anfing. [1])

4) Böhmen.

Wenn in Ansehung der meisten Reichslande erst seit dem sechszehnten Jahrhunderte wieder deutliche Spuren von der Fortdauer der Domainen-Administration vorkommen, so hat sich von Böhmen eine solche aus dem vierzehnten erhalten. In einem Cistercienser Mönche, Dietrich Kagelwidt, aus dem Kurbrandenburgschen Kloster Lehnin, lernte Karl IV, König von Böhmen, einen so fähigen Wirthschafter kennen, daß er denselben erst zum Verwalter eines kleinen Domainenguts bestellte, und darauf, als der Mönch sich überall, besonders bey der unvermutheten Bewirthung des Königs und seiner Hofleute, so gewandt zu benehmen wußte, als Administrator eines großen Amts ansetzte. Neidische Menschen wußten dem Könige Verdacht gegen den Wirthschafter einzuflößen. Um die Treue desselben zu prüfen, über-

1) Historische Beiträge rc. Th. II. B. I. S. 17. ff.

raschte ihn der König einst mit der Forderung, auf der Stelle seine Rechnung von den Einnahmen, Ausgaben, und Vorräthen des Domainen-Amtes, abzulegen. Es geschah ohne die geringste Verlegenheit; Alles ward in der besten Ordnung gefunden. Der Mönch gewann so sehr das Wohlwollen des Königs und Kaisers, daß er in der Folge durch dessen Fürsprache erst zum Bischofe von Schleswig, dann im J. 1354 zum Bischofe von Minden, und seit 1362 sogar zum Erzbischofe von Magdeburg, befördert wurde. [1]) In Böhmen sind die Domainen eine geraume Zeit versetzt gewesen, [2]) darauf ist die Administration oder **Regie** der landesherrlichen Güter bis in die neuesten Zeiten, nämlich bis zur gänzlichen Auflösung derselben, beibehalten worden. Denn in der Vergleichung des bisherigen Ertrags der Domainen, wie er bis zum Jahre 1776 Statt gehabt hat, mit

---

1) Crantz. Wandalia, l. VIII. c. 32.
Fabricii Notae ad J. A. Cypraei Annales Slesvicenses, ap. de Westphalen, monum. T. III. p. 384.
Chron. Episc. Mindens. N. 41. ap. Pistor. cur. Struv. scriptt. rer. Germ. T. III. p. 816.
Chron. Mindense, ap. Meibom. scriptt. rer. Germ. T. I. p. 567.
Lerbecke Chronicon Episc. Mindens. N. 41. ap. Leibnitz, scriptt. rer. Bruns. T. II. p. 191.
Chronicon Magdeburgense, ap. Meibom. scriptt. rer. Germ. T. II. p. 342.

2) (v. **Riegger**) Materialien zur alten und neuen Statistik von Böhmen. Heft X. S. 156.

mit dem neuesten, diesseit der merkwürdigen Operation, wird die bisherige Benutzungsweise ausdrücklich Regie genannt; [1]) auch ist darin von der Besoldung und den Accidenzien der Wirthschaftsbeamten die Rede. [2])

5) Oestreich.

Die Administration der Domainengüter hat in diesem Lande bis zu Ende des siebenzehnten Jahrhunderts gedauert; und auch da wurde sie noch nicht in Ansehung aller Domainen gegen Zeitpacht vertauscht. Eine Verordnung des Kaisers Leopold I. sagt dieses deutlich genug gleich im Eingange: »Demnach wir unsers Diensts und zu besserer Aufnahm »unserer Cammer-Gefäll, zu seyn erachtet haben, ein »und anderes Ambt mit der bisherigen, durch »verrechnete Bediente und Ambt-Leuthe geführten, »Administration, zu setzen ꝛc.« [3])

6) Bayern und Pfalz.

Es ist noch eine Bestallung vom Jahre 1390 vorhanden, worin ein gewisser Graf Friedrich von

---

1) (v. Raab, K. K. Hofraths) Unterricht über die Verwandlung der K. K. Böhmischen Domainen in Bauergüter. Wien, 1777. 4. S. 31. 35.

2) Daselbst, Beilage A., S. 62. 63.

3) Appalto- und Pacht-Ordnung v. 31. Oct. 1699. bei v. Guarient, Codex Austriacus, Fol. 1704. Th. I, S. 71. ff.

Zweibrücken von dem Kurfürsten und Pfalzgrafen Rupert II. als Amtmann über die Pfälzischen Domainendörfer im Elsaß angesetzt wird. [1])

Daß sowohl die Pfälzischen, als Bayerschen, Domainengüter noch im sechszehnten und siebenzehnten Jahrhunderte durch landesherrliche Oekonomie- und Rechnungs-Beamte verwaltet worden sind, ist aus einigen Urkunden jener Zeiten abzunehmen. Wenn unter andern in den Jahren 1505 und 1549 der landesfürstlichen Kastner und anderer Amtleute in Bayern Erwähnung geschieht, [2]) so führt dieses bestimmt genug auf Administration. Noch deutlicher erhellt diese Benutzungsart aus folgenden Stellen landesherrlicher Verordnungen von den Jahren 1553 und 1582. »Die Amtleute auf den Domainen sollen, bei Strafe »der Absetzung, Niemand mehr Vieh auf seine Weide »aufzunehmen zumuthen, als er aufzunehmen ver»pflichtet ist;« [3]) — »der Rentmeister und Land»schreiber soll genaue Aufsicht über die Domainen»Beamten führen, damit sie Alles, was zu ihrer »Amtsverwaltung gehört, sorgfältig wahrneh-

---

1) Bey Tolner, cod. dipl. Pal., p. 121.

2) Freiheitsbrief Friedrichs, Pfalzgrafen bey Rhein, und Herzogs in Bayern, vom J. 1505, bey Lipowsky, Ungrund der Domainen rc. Th. II. S 188.
— Urkunde Wilhelms, Pfalzgrafen und Herzogs, v. J 1549, ebendas. S. 200.

3) Bayersche Landes-Ordnung v. J. 1553. Fol. 122, b, Artik. 3.

»men;« [1]) »von gewissen Obliegenheiten des Un»ter- oder verrechnenden-Amtmanns; [2]) — wie »es mit den Zehrungen in den Aemtern, und deren »Berechnung durch den Amtsschreiber, gehalten wer»den soll.« [3]) Nicht weniger folgt in der Rheinpfalz diese Benutzungsart daraus, daß noch im Jahre 1671 daselbst eine genaue landesherrliche Instruktion für die Oekonomie- und Rechnungs-Beamten der Domainen dieser Provinzen erschien. [4])

7) Zweybrücken.

In einer kurzen geographischen Beschreibung dieses Landes, die um das Jahr 1680 aufgesetzt worden ist, wird bey mehreren Gelegenheiten die damahlige Administration der landesfürstlichen Güter angegeben. »Im Amte Berg-Zabern ist ein Keller (Kell»ner, Amtsverwalter), welcher die herrschaftlichen »eigenthümlichen Güter an Weingärten, Aeckern und »Wiesen in Acht zu nehmen, und die sämmtlichen »Einkünfte zu erheben und zu verrechnen hat.« — »Die Rent-Räthe der Kammer zu Zweybrücken führ»ten die Aufsicht über die verrechneten Diener, und

1) Erklärung der Landes-Freiheit in Ober- und Nieder-Bayern, v. J. 1553, fol. I, b, Artik. 3.

2) Churfürstlicher Pfalz Lands-Ordnung. Heidelberg, 1582. Fol. 67—69.

3) Ibid. Fol. 69. a.

4) a Kirchheim, l. c. p. 49. 75.

»nahmen denselben die Rechnungen ab.« — »Das »Amt Zweybrücken ward administrirt.« — »So auch »die Aemter Lichtenberg und Meissenheim.« [1])

8) Wirtemberg.

Der Herzog Christoph ließ im J. 1551 eine Rechnungs-Instruction für die Domainenbeamten abfassen, und publicirte dieselbe nebst einer Kasten- oder Kammer- und Amts-Ordnung des Fürstenthums Wirtemberg. [2])

9) Anspach und Baireuth.

In diesen beiden Fränkischen Fürstenthümern ist die Administration der Kammergüter mit am längsten beibehalten worden. Einige Stellen in den Zehent-Ordnungen geben dies deutlich zu erkennen; z. B. im J. 1665: »der verrechnete (verrechnende) Beam»te soll eine Zehentrechnung machen.« [3]) — Im

---

1) Beschreibung des Staats von Pfalz-Zweybrücken, in J. P. von Ludwig ökonomischen Anmerkungen über Seckendorfs Fürstenstaat, sammt einigen weitern Zusätzen. Herausgegeben von Christian Ehrenfried Klotz (zu Wien). Frankfurt und Leipzig, 1753. S. 383. 388. 389. 391. 392.

2) Rechnungs-Instruction vom J. 1551 für die Amtleute, wie dieselben ihre Rechnungen setzen und stellen sollen. — a Kirchheim l. c. p. 57.

3) Zehent-Ordnung für Brand. Anspach vom J. 1665, bey Scopp, gründliche Einleitung zum Amts-Verwaltung und Berechnungen eines Dorf- und Land-Beamtens. Nürrnberg, 1756. 4. S. 109.

Jahre 1666: »wir entbieten unsern Kastnern, Ver»waltern, Voigten ꝛc.« [1]) — Noch im Jahre 1705: »wir befehlen allen unsern Ober- und Beam»ten, Verwaltern, Kastnern und Voigten.« [2]) Die Domainenverwaltung hat in diesen Provinzen noch länger im achtzehnten Jahrhunderte fortgedauert.

10) Hessen.

In den Testamenten der Landgrafen Philipps vom Jahre 1562, und Ludwigs des Aeltern vom Jahre 1595, kommen Ausdrücke vor, welche auf die Administration der landesherrlichen Aemter schließen lassen. »Wenn unsere Söhne nicht bey einander »bleiben wollten, so soll einem Jeden auf den zu»geordneten Aemtern so viel Vorrath an Korn, Ha»fer, Wein ꝛc. gelassen werden, daß er sich ein hal»bes Jahr davon erhalten könne.« Seiner Wittwe vermachte der Landgraf Ludwig das Schloß Merlau mit allem Hausrathe, mit dem Vorwerke, allem bei seinem Todte darauf befindlichen Vieh, allen Dörfern und Nutzungen. [3])

1) Zehent-Ordnung für Brand. Bayreuth vom J. 1666, daselbst S. 118.

2) Verordnung wegen des kleinen Zehents in Brandenb. Anspach, vom Jahre 1705; ebendaselbst, S. 117.

3) Bey Lünig, des deutschen Reichs-Archivs Partis specialis Continuatio II, der vierten Abtheilung achter Absatz, S. 781. 804. 805.

11) Nassau.

Manche Stellen in landesherrlichen Verordnungen verrathen, daß in diesem Lande die Domainengüter ebenfalls noch im siebenzehnten Jahrhunderte administrirt wurden; z. B. es wird den Amtsdienern und Kellnern verboten, Bier- und Wein-Schank zu treiben; — zu ihrem persönlichen Gebrauche von den Unterthanen Frohnen zu fordern rc. [1])

12) Braunschweig-Lüneburg.

In den Kurbraunschweig-Lüneburgschen Landen wurden um die Mitte des siebenzehnten Jahrhunderts noch alle fürstliche Landgüter auf Rechnung verwaltet. In einigen, um diese Zeit erschienenen, die Kotsassen betreffenden, landesherrlichen Verordnungen, wovon jedem Domainenbeamten ein Exemplar zugeschickt wurde, wird die Administration hinlänglich durch die Worte angedeutet: »in unserm, dir anver»traueten, Amt; — in unsern, dir anvertraueten, »Amtsdörfern.« [2]) Nach zwanzig bis vier und zwanzig Jahren waren zwar die meisten Aemter verpachtet, mehrere andere aber standen noch in Administra-

1) Nassau-Catzenelnbogische Polizeyordnung. Herborn 1616. Fol. S. 84. 118. 119.

2) Georg Wilhelms Verordnungen vom 27. Nov. 1649, und vom 9. Sept. 1650. In den Chur-Braunschweig-Lüneburgschen Landes-Ordnungen und Gesetzen. Vierter Theil rc. c. V. S. 92. 93.

tion; aus vielen Paragraphen der wichtigen Amts-Ordnung vom Jahre 1674 zu schließen. [1]) Folgende Stellen setzen dies außer Zweifel: »unsere berech-»nende Beamte sollen über alle unsere Einkommen »ein richtiges Manual oder Hebungsregister füh-»ren 2c. (§. 16.); — wenn die berechnende Diener »durch ihren Unfleiß etwas in der Rechnung an-»setzen, so ihnen zu Schaden, und unserer Kammer »zu Gute, kömmt, so soll solches, altem Herkommen »nach, ihnen zur Strafe, nicht geändert werden 2c. »(§. 16.) — wenn wir auf unsern Aemtern Ablager »halten, und dazu von unserem Amtsvorrath etwas »hergeschossen würde, so sollen die Beamte sich sol-»ches von dem Reise-Küchen-Schreiber baar bezah-»len lassen, und nicht mehr unter die angerechneten »Posten unsrer Kammer rechnen; — nicht mit in ihre »Amtsrechnung ziehn (§. 21.); — weil unsern Amt-»leuten in denen unverpachteten Aemtern die »Ober-Aufsicht im ganzen Haushalt anbefohlen, so »sollen sie auf die Bestellung unsers Amts-Ackerbaues »mit ungespartem Fleisse sehen; — es sollen auch »die Beamte die Haushaltungsrechnung ganz abson-

1) Johann Friedrichs Amts-Ordnung vom 18. Junii 1674. Daselbst, vierter Theil, zum Gebrauche der Fürstenthümer, Graf- und Herrschaften Calenbergschen Theils, Cap. quintum. S. 20—46; — letzter Theil, zum Gebrauche des Fürstenthums Lüneburg, auch angehöriger Graf- und Herrschaften Zellischen Theils, cap. quintum, S. 20—47.

»derlich führen, und nicht mit den übrigen Amts-»Geld- oder Korn-Intraden vermengen (§. 23.); — »unsere Amtsschreiber sollen auf denen, in Haus-»halt stehenden, Aemtern, den Ackerbau und Vieh-»zucht fleißig zur Fortsetzung befördern (§. 26.); — »es sollen auch unsere Amtsschreiber bey obgesagten, »im Haushalt stehenden, Aemtern, bey dem Aufmes-»sen keine gehäufte Himten nehmen, sondern, wie »vor Alters hergebracht, abstreichen (§. 27.), — »wenn etwas vom Amts-Getraide auf Verordnung »unsrer fürstlichen Kammer, ohne welche nichts ge-»schehn soll, verkauft worden, soll unser Amtmann »die Summen des Geldes für die verkaufte Frucht »mit seiner eignen Hand ins Korn-Register anzeich-»nen, hingegen aber der Amtsschreiber mit seiner »Hand die Scheffel und Himten in das Geldregister »eintragen rc. (§. 28.); — es soll auch keinem un-»srer Amtsdiener auf den berechnenden Haushaltun-»gen gestattet werden, etwas von seinem Vieh unter »dem unsrigen den Winter über zu futtern rc. (§. 43).«

Aus einigen spätern Kameral-Verordnungen geht hervor, daß die Administration verschiedener Aemter bis in das achtzehnte Jahrhundert fortgedauert hat; z. B.: »es ist bey der bisherigen Administra-»tion der herrschaftlichen Domainen befun-»den, daß, wenn davon einige Stücke denen Unter-»thanen viele Jahre her für ein gewisses Locarium »ohne Aenderung desselben gelassen seyn, und man

»endlich dieselbe wieder an das Amt zu nehmen, oder »sonst auszuthun, gut gefunden, sie sich aus der lan»gen Zeit, und beständigen, ohnveränderten, Pacht »an Korn oder Gelde, ein Jus an solche Amts»Pertinentien anmaßen wollen ꝛc.« [1]) — »Wir decla»riren hierdurch, daß die Administration und »Oekonomie unsrer Domainen blos und al»lein von unsrer Rentkammer respicirt werden solle; »— es bleibt unsrer Kammer nach der bisherigen »Observanz einzig und allein bevor, unsere Domai»nen — zu administriren und zu verpachten; — »alle, die Administration und Oekonomie »unsrer Domainen concernirenden, Sachen, sind »an unsere Rentkammer zu verweisen. [2])

In den herzoglich Braunschweig-Lüneburgschen Landen wurden die fürstlichen Kammergüter noch in der zweiten Hälfte des siebenzehnten Jahrhunderts administrirt. [3])

13) Meklenburg.

Daß in diesem Reichslande die fürstlichen Aemter im sechszehnten Jahrhunderte durch landesherr-

1) Fürstl. Kammer-Verordnung vom 20. April 1705. Daselbst, letzter Theil, C. V. S. 97. 98.

2) Königliche Verordnung vom 19. Oct. 1719. Daselbst, vierter Theil, C. V. p. 1. ff. — Letzter Theil, c. V, p. 1. ff.

3) Verordnung des Herzogs Augusts vom 30. Jan. 1661, — in Döplers getreuem Rechnungsbeamten, Th. 2. S. 521.

liche Oekonomie-Beamte verwaltet worden sind, ist aus einer Stelle in dem Testamente des Herzogs Johann Albrechts vom Jahre 1573 zu schließen. Darin werden die Söhne des Herzogs ermahnt, darauf zu sehn, daß die Amtleute ihre Rechnungen jährlich einsenden, keine Reste ausstehn lassen, und mit den Amts-Nutzungen keinen Handel treiben. [1]) Noch 1676 war dieselbe Nutzungsart üblich, aus dem Umstande abzunehmen, daß während der langen Abwesenheit des Herzogs Christian, der sich meistentheils in Frankreich aufhielt, der Bruder desselben, Friedrich, das Schloß Bützow gewaltsam überfiel, und sich aller, in dem Amte gesammelten, Vorräthe und Lebensmittel, bemächtigte. [2])

1) Bey Lünig, a. a. O., der vierten Abtheilung sechster Absatz, S. 513.

2) Reichshofraths-Conclusa vom 18. Juni 1676, und vom 23. Jul. 1676. Bey Pötker, neue Sammlung glaubwürdiger, aber guten Theils ungedruckter, Meklenburgscher Schriften und Urkunden. Zweites Stück 1744. 4. S. 44. 47.

Dritter Abschnitt.

Administrations-Behörden.

I.

Unterbehörden.

1) Amtsverwalter.

Seitdem Deutschland in viele einzelne Gebiete zerfallen ist, kömmt der Wirthschafter eines Domainenguts unter mancherley Benennungen vor, unter denen folgende die vorzüglichsten sind: Amtsverwalter, Amtsschreiber, Amtmann, Amtsvoigt, Amtsrentmeister, Amtsschaffner, Schösser, Kellner oder Keller, Kastner, Mayer. Er machte die wirthschaftlichen Dispositionen, führte die Aufsicht über die Feldmark, das Inventarium, das Gesinde, über die ländlichen Arbeiten, und den ganzen Gang der Wirthschaft. Er führte die Rechnungen über den Geld-Ertrag, und hatte die Kasse; aber die Rechnungsführung war häufig sehr elend; z. B. die Einnahmen und Ausgaben wurden oft auf einzelne Zettel, wohl gar blos an die Wände mit Kreide, geschrieben; [1]) und in frühern Zeiten behalf man sich gewöhnlich mit Kerbstöcken. Zu den Obliegenheiten des Amtsverwalters ge-

1) Johann Sigismunds von Brandenburg Amts-Ordnung, in den historischen Beiträgen rc. Th. III. B. 1. S. 54. Nr. 33.

hörten ferner die Hebung und Berechnung der baaren Gefälle, der Grundzinsen, des Zinsgetreides, und des Zehents; wovon er in Sachsen Schösser, [1]) in manchen andern Provinzen Amtsrentmeister, genannt wurde; ferner die Versorgung des Hoflagers mit Lebensmitteln, so wie der Deputanten, deren Natural-Gehalt auf die Domaine angewiesen war; der Verkauf der übrigen Vorräthe; die unmittelbare Aufsicht über die Wohn- und Wirthschafts-Gebäude; endlich in mehrern Provinzen auch die Mit-Aufsicht über das Forstwesen, so daß er Controlleur sowohl des Forstschreibers, als des Oberförsters, war. [2])

Das Rechnungsjahr der Administratoren nahm gewöhnlich mit Michälis den Anfang, wo die alten Rechnungen geschlossen und eingereicht wurden. [3]) Gegen untreue Beamte waren in manchen Reichslanden die Gesetze sehr strenge, z. B. in Kursachsen wur-

---

1) Weck, Beschreibung und Vorstellung von Dresden, S. 184.

2) Coler, Oeconomia, oder Hausbuch. Wittenberg 1593. 4. Cap XI. S. 24. ff.: »wie ein Amptmann eingesetzt »und angeordnet werden solle.« —

Bestallung eines Amtsschreibers, bey Seckendorf, Deutscher Fürstenstaat, Th. IV. Nr. 12. Jena 1737. S. 840. ff. Ebendas. Th. III. C. 4. §. 4. S. 529.

Formular einer Voigtbestallung, bey v. Rohr, a. a. O. S. 189. ff.

Forst- und Holz-Ordnung des Kurfürsten August von Sachsen, vom J. 1560, bey Lünig, Cod. August. T. II. p. 490.

3) Gleichmann, praeside Schilter, disputatio de *redditione rationis*. Lipsiae 1678. p. 15.

den sie gestäupt, wenn die Veruntreuung 50 Gülden betrug, und gehenkt, sobald sich dieselbe auf 100 Gülden und darüber, belief. [1]) Zuweilen wurden sie begnadigt, mußten aber beständig einen dünnen Strick um den Hals tragen, widrigenfalls sie bestraft wurden. [2]). So erkannte auch im Jahre 1625 die Juristenfacultät zu Greifswald, daß ein gewisser treuloser Amtsverwalter, wenn er den Schaden nicht ersetzen, und dazu den dritten Theil von dem Werthe desselben als Strafe erlegen, könnte noch wollte, mit dem Tode bestraft werden sollte. [3])

2) Vorwerksverwalter.

Die Vorwerksverwalter oder Vorwerksschreiber hatten dieselben Geschäfte, die dem Amtsverwalter auf dem Hauptgute oder Amte oblagen. [4])

3) Kornschreiber.

Wo ein solcher Unterbeamter angesetzt war, da führte er die Rechnung über den Natural-Ertrag,

1) Constitutiones des Kurfürsten August vom 21. April 1572, Pars IV. Tit. 41: »vom vertraueten Gute;« bey Lünig, Codex August. T. I. p. 128. — Constitution desselben Kurfürsten vom Jahre 1584, daselbst, S. 1050.

2) Speidel, speculum juridico-polit.-philol.-historiarum observationum etc. v. Ambtleute, p. 54.

3) Gleichmann et Schilter, l. c. p. 30.

4) Instruction eines Vorwerks-Schreibers bey v. Rohr, a. a. O. S. 201.

und war die Controlle des Amtsschreibers oder Amtsverwalters. [1])

4) Forstschreiber.

Derselbe stand zwar unter dem Oberförster und der Kammer, aber doch auch in einiger Verbindung mit dem Amtsverwalter (s. oben). Er besorgte das Schlagen des Holzes, und führte die Rechnungen sowohl über die Einnahme von dem verkauften Holze, als über die, auf Anweisung erfolgenden, Holzlieferungen. [2])

5) Hofmeister, Voigt.

Ein executiver Unterbeamter, der unter Direction des Amtsverwalters die unmittelbare Aufsicht über das Gesinde, die Frohnbauern, und deren Arbeit, führte, dieselben zur Arbeit bestellte, und die niedere Polizey auf dem Hofe, auf dem Felde, in den Scheunen, Schäfereyen rc. handhabte. Er hatte auch bey Anwesenheit des Fürstlichen Hoflagers die Ställe und die Küche mit Heu, Stroh und Holz, zu versorgen. [3])

---

1) Johann Sigismunds Amts-Ordnung, in den historischen Beiträgen, Th. III. B. I. S. 50. Nr. 23. — Coler, a. a. O. S. 29.

2) Forst-Schreiber-Bestallung, bey v. Rohr, S. 200.

3) Coler a. a. O. S. 27.

Verpflichtung eines Vorwerks-Hofmeisters, bey v. Rohr, S. 208. ff.

II.

Mittelbehörde: Ober-Amtmann.

In der Person des Amtmanns, Ober-Amtmanns, Amts-Hauptmanns, Drosten, Burggrafen, großen Theils von Adel, findet man den Kreisgrafen der Karolingischen Periode wieder; nur waren die Amtsgeschäfte des erstern, wegen der jetzt verbesserten Finanzkunst, bei weitem zusammengesetzter und bedeutender. Zuvörderst war er der unmittelbare Vorgesetzte aller Amts- und Vorwerks-Verwalter, so wie aller Förster, seines Departements; und nahm denselben die Rechnungen ab. [1]) Dann führte er die Ober-Aufsicht über den baulichen Zustand der Amts- und Vorwerks-Gebäude, hielt Verzeichnisse der Amts-Unterthanen, und nahm diesen die Rechnungen über die Gemeindegüter ab, führte die Aufsicht über die Erbregister, Lager- und Grund-Bücher, sorgte für

1) Johann Sigismunds Amts-Ordnung, a. a. O. — Bestallung eines Amtmanns, bey v. Seckendorf, Fürstenstaat, Th. IV. Nr. 9. §. 17. S. 820. 821. —

Bestallung eines Amtsschreibers, ebendas., Nr. 12. §. 1. 3. S. 840. 841. —

Formular einer Voigtbestallung, bey v. Rohr, S. 189. 190: »der Domainenvoigt soll den Befehlen des Ober-Amtmanns nachleben.« —

Bestallung Heinrichs von Einsiedel zum kurfürstlich Sächsischen Rath und Amtmann der Aemter Colditz, Leisnig, und Rochlitz, vom J. 1560; bey Horn, a. a. O., S. 527. ff. —

Wabst hist. Nachricht ꝛc. S. 252. 253.

die Erhaltung der Grenzen und aller Gerechtsame des Domainen-Amtes und der Hintersassen, publicirte die landesherrlichen Verordnungen, berichtete an die competenten Landes-Anstalten, als Kammer, Kanzley, Hofgericht, Consistorium. Endlich verwaltete er die Civil- Kriminal- und Polizey-Gerichtsbarkeit, und die Patronatsachen. [1])

III.

Oberbehörde.

1) Der Fürst selbst, in frühern Zeiten, mit Hülfe eines Vizdoms und eines Kammermeisters oder Rentmeisters.

Die weltlichen Deutschen Landesherrn waren aus königlichen Beamten entstanden, in welcher Eigenschaft

1) Bestallung eines Amtmanns, bey v. Seckendorf, a. a. O. S. 808. ff.

Beschreibung des Staats von Zweibrücken, bey v. Ludwig, a. a. O. S. 383.

Weck, a. a. O.

Ausschreiben des Kurf. August von Sachsen v. J. 1555, bey Lünig, Cod. Aug. T. I. S. 61. —

Amts-Ordnung des Herzogs Johann Friedrich von Braunschweig-Lüneburg zu Hannover, vom 18. Jun. 1674, — in den Churbraunschweig-Lüneburgschen Landes-Ordnungen und Gesetzen: vierter Theil, zum Gebrauche der Fürstenthümer, Graf- und Herrschaften Calenbergschen Theils, caput quintum, S. 20. ff.; — letzter Theil, zum Gebrauche des Fürstenthums Lüneburg, auch angehöriger Graf- und Herrschaften Zellischen Theils, caput quintum, S. 20. ff.

schaft die meisten unter andern mit staatswirthschaftlichen Angelegenheiten zu thun gehabt hatten. Anfänglich bekümmerten sie sich daher persönlich um den Zustand ihres Staatshaushalts, und ließen sich die Rechnungen und Etats zur Prüfung vorlegen. Die Söhne und nächsten Nachfolger ahmten dies nach, und so blieb es lange Zeit Ton unter den Deutschen Fürsten; um so mehr, da die Finanz-Verfassung und der Geschäftsgang noch sehr einfach waren. Selbst in neuern Zeiten, seit dem sechszehnten Jahrhunderte, wird es mehrern Landesherrn nachgerühmt, daß sie die Kameralrechnungen selbst untersucht haben. Dahin gehören besonders die Kurfürsten von Sachsen Friedrich der Weise [1]), Moritz [2]), und August [3]); der Herzog Ernst von Sachsen Gotha [4]); der Markgraf Johann von der Neumark [5]); die Landgrafen von Hessen, Philipp, Wilhelm der Aeltere [6]), Lud-

1) Martin Luthers Tischreden, Leipzig 1577. Fol. Cap. 38. p. 457: »mit seinen Amtleuten, Schössern, Verwaltern, und Dienern hielt er scharf Rechnung rc.«

2) Des Herzogs Moritz Instruction für einige seiner Räthe, während seiner Abwesenheit; v. J. 1544, bey Horn, Sammlungen rc. S. 303.

3) Weck, Beschreibung und Vorstellung von Dresden, S. 134. 174. 175.

4) Eyring, vita Ernesti pii, c. 23. p. 154.

5) Leuthinger, Marchia Brandenburgens. l. 14. Ed. Krause, T. I. p. 495: »rationibus praefecturarum examinandis »diligentissime plurimum profecit.«

6) Stelle aus dem Testamente des Landgrafen Wilhelm von Hessen, in Reinkings biblischer Polizey, S. 330.

wig [1]), und Johann von Darmstadt [2]); der Kurfürst Maximilian von Bayern [3]); der Graf Anton Günther von Oldenburg [4]); auch der sehr beschäftigte Kaiser Karl der Fünfte [5]).

Doch unterhielten selbst diejenigen Landesherrn, die sich persönlich mit ihrem Finanzwesen befaßten, einen Staatsbeamten, dem die nähere Aufsicht über die Staatswirthschaft, und die eigentliche Leitung der, dahin gehörigen, Geschäfte, also unter andern die Central-Bearbeitung der Domainensachen, anvertrauet war, und der unmittelbar den Vortrag bey dem Fürsten hatte; eine Stelle, die in allen Reichslanden Statt hatte, und als eine modificirte Fortsetzung der Pfalzgrafenwürde betrachtet werden kann. Dieser oberste Finanzbeamte führte in Oberdeutschland, besonders in Bayern, wo ihrer mehrere waren, den Titel Vizthum, Vizdom, weil er als unmittelbarer Stellvertreter des Landesherrn angesehn wurde [6]). Wie vormahls der Pfalzgraf, so hatte auch der Vizdom daselbst theils die Verwaltung aller Angelegenheiten, bei denen das Finanz-Interesse

---

1) Henrici Toepffer, praeside Brückner, dissertatio de rationibus administratorum. Jenae 1695. p. 72.

2) Schupp, Regentenspiegel; in dessen Werken, Frankfurt a. M. 1684. S. 31.

3) Daselbst, S. 32.

4) Ebendaselbst.

5) Töpffer et Brückner l. c.

6) Hund, Bayersches Stammbuch, Th. II. S. 27.

im Spiele war [1]), theils die Gerichtsbarkeit in Civil- und Criminal-Sachen, daher sein Amt häufig Vizdom-Amt genannt wird [2]).

Verschieden von demselben, und ihm untergeordnet, war in diesem Lande der Rent- und Kammer-Meister oder Landschreiber, der schon seit dem dreyzehnten Jahrhunderte vorkömmt [3]), und unter der Direction des Vizdoms theils die Aufsicht über die Finanz-Angelegenheiten, als über die Domainen-Aemter, Forsten, Gefälle, Scharwerke, führte [4]), theils die Gerichtsbarkeit verwaltete [5]).

In manchen andern Reichslanden war zu diesen Geschäften nur ein Finanz- und Justiz-Beamter an-

1) Vertrag zwischen den Herzogen Ludwig und Otto von Bayern, vom J. 1290, abgefaßt von dem Bischofe Heinrich von Regenspurg. Bey Oefele, Scriptt. rer. Boic. T. II. p. 114.

Urkunde Friedrichs, Pfalzgrafen bey Rhein und Herzogs in Bayern, vom J. 1505, bey Lipowsky, Ungrund der Domainen in Bayern, 1770. 4. Th. II. Beilage C. S. 187.

Urkunde Rudolfs, Pfalzgrafen bey Rhein und Herzogs von Bayern, vom. J. 1329, bey Hund, Metrop. Sal. T. III. p. 115.

2) Bayersche Landes-Ordnung v. J. 1553. fol. 20, a et b. — fol. 113, a. — Erklärung der Landesfreiheit in Ober- und Nieder-Bayern, v. J. 1553. fol. 2, b. — fol. 4, a.

3) Hund, Bayersches Stammbuch, Th. II. S. 403.

Urkunde der Herzoge Ernst und Wilhelm von Bayern, v. J. 1414, — bey Lipowsky, Ungrund der Domainen in Bayern, 1770. 4. Th. I. Beilage B. S. 107.

4) Erklärung der Landesfreiheit rc. fol. I, b.

5) Daselbst, fol. 4, b, Artikel 15.

gestellt, unter dem Namen Kammer-Meister (Magister camerae) Rentmeister, Rentkammermeister. Schon zu Karls IV. Zeit unterschreibt ein solcher als Zeuge [1]).

2) Kammercollegia in den spätern Zeiten.

Da bisher der Staat von sehr wenigen Angelegenheiten Notiz nahm, so war der Organismus der Staatsverwaltung sehr einfach: der Kanzler konnte die sogenannten Regierungsgeschäfte, der Rentkammermeister die Kameralgeschäfte, übersehn und bestreiten. Je mehr sich aber das bürgerliche Leben erweiterte, je mehr Collisionen und Bedürfnisse, als Folgen des erwachten Gewerbes, entstanden, desto mehr fing auch die Staatskunst an, sich zu vervollkommnen, und desto mehr Gegenstände wurden in den Wirkungskreis der Staatsverwaltung gezogen. Dadurch häuften sich aber die Staatsgeschäfte so sehr, daß sowohl für den Kanzler, als für den Kammermeister, Gehülfen nöthig wurden, und der Gedanke der Errichtung von Landescollegien nahe lag. In mehrern Hinsichten ist in Deutschland die Stadtregierung das Muster der Staatsregierung geworden; unter andern

---

1) Caroli IV. Dipl. a. 1377. in Chron. episc. Mindens. ap. Pistor., cur. Struv., T. III. p. 834.
Ejusd. dipl. a. eod. ibid. p. 837.
Balbini nomina officialium regni Bohemiae, ex veteribus Mscr. codicibus collecta, in (v. Riegger) Materialien zur alten und neuen Statistik von Böhmen. Heft X. S. 47.

ist die Idee der collegialischen Geschäftsführung von der Magistratsregierung entlehnt, und die ganze innere Einrichtung der Landescollegien, derselben nachgebildet. Am meisten ward die städtische Kämmereyverwaltung, wo ein öffentliches und gemeinschaftliches Vermögen gemeinschaftlich bewirthschaftet wurde, Vorbild der fürstlichen Kameralverwaltung. Die erste Spur von collegialischer Verwaltung der staatswirthschaftlichen Geschäfte findet sich zu Lille (Insulae) in Flandern, wo der Herzog Philipp der Kühne von Burgund die Finanz- und Staatsrechnungs-Sachen einigen Räthen gemeinschaftlich übertrug [1]). Die Ausbildung eines solchen Instituts erfolgte über hundert Jahre später zu Wien. Wie Maximilian I, ein um die Organisation der Staatsverwaltung verdienter Regent, das erste Regierungs- oder Kanzley-Collegium unter dem Namen eines Hofraths errichtete, so stiftete er auch im Jahre 1501 das erste eigentliche Kammercollegium unter dem Namen Hofkammer. Das letztere Landescollegium, allein hierher gehörig, ward zuerst in Kurbrandenburg, Kursachsen, und Bayern, dann allmählig in allen größern und mittlern Reichsstaaten, nachgeahmt. In Kurbrandenburg von dem thätigen Joachim I. in der ersten Hälfte des sechszehnten Jahr-

---

1) Philippi ducis Burgundiae dipl. a. 1385. ap. Miraeum, opp. dipl. T. II. p. 1252.

hunderts; es kömmt wenigstens um 1531 ein Kammerdirector in der Person des Bernd von Arnim vor [1]). In Kursachsen von dem verdienstvollen August, zu Anfange der zweiten Hälfte desselben Jahrhunderts, und zwar sowohl in Dresden [2]), als in Leipzig [3]). Eine Bayersche Kammer bestand zu München um dieselbe Zeit, denn im Jahre 1556 kömmt ein Kammerrath Georg Baumgartner zum Frauenstain und Eitzing vor, dessen Dienste in und bey dem Kammerrathe zu München von dem Herzoge gerühmt werden [4]). Davon, daß diese Landes-Anstalten überhaupt zur Verwaltung der Finanz- und Rent-Angelegenheiten errichtet waren, hießen sie häufig überhaupt Rent-Kammern, in manchen Provinzen aber insbesondere Amts-Kammern, weil die Hauptgeschäfte derselben die fürstlichen Domainen-Aemter betrafen. In den Kurbrandenburgschen Staaten wurden sowohl die Regalien, als die damahligen

---

1) (Fischbachs) historische Beiträge ꝛc. Th. I. S. 53.

2) Weck, Beschreibung und Vorstellung von Dresden, S. 175.
Bestallung des Thile von Trotha zum Mit-Kammerrathe zu Dresden, bey Horn, a. a. O., S. 510. ff.

3) Bestallung des Abraham Bock zum kurfürstlichen Commissarius bey der Universität zu Leipzig, v. J. 1559, bey Horn, S. 522.
Bestallung des Hans von Dißkau zum Oberzeugmeister und Gouverneur von Leipzig, ebendas. S. 524.

4) Urkunden Albrechts, Pfalzgrafen bey Rhein und Herzogs in Bayern, vom Jahre 1556, bey Lipowsky, a. a. O., Th. II. Beilagen D und E., S. 191. 194.

Militairsachen, anfänglich und lange Zeit besonders, und von den Kammern unabhängig, verwaltet; daher führten die letztern blos den Beinamen Amts-Kammern. Die Oberbehörde für dieselben war die geheime Hofkammer zu Berlin, deren Mitglieder den Titel: geheime Kammerräthe, führten. Im Jahre 1713 wurde die General-Verwaltung der übrigen Civil-Einkünfte (im Gegensatze der, in die Militairkassen fließenden, Steuern) mit dieser General-Domainenverwaltung oder geheimen Hofkammer verbunden, und dem neuen Administrationscollegio der Name General-Finanzdirectorium beygelegt [1]). Für die Militairsachen bestand, neben den Kammern, in der Hauptstadt jeder Provinz ein Kriegs-Commissariat, und die Central-Anstalt für diese einzelnen Behörden war das General-Kriegs-Commissariat in der Hauptstadt. Im Jahre 1723 wurden endlich alle Finanz- Polizey- und Militair-Sachen combinirt, und eben damit die Amtskammern mit den Kriegs-Commissariaten verbunden, unter dem Doppel-Namen Kriegs- und Domainen-Kammern. Zum Behufe dieser Concentration der Geschäfte wurde das, vor zehn Jahren eingerichtete, General-Finanz-Directorium mit dem General-Kriegs-

---

1) Allergnädigstes Reglement, wonach die Affairen bey dem General-Finanzdirectorio tractirt werden sollen. In den historischen Beiträgen, Th. III. B. 1. Beilage K, S. 123. ff.

Commissariat combinirt, und zu dem heutigen General-Ober-Finanz-Kriegs- und Domainen-Directorium erweitert [1]).

Noch eine kurze Ausführung über das Personale der Kammer, wie es wenigstens um die Mitte des siebenzehnten Jahrhunderts bestand.

Ein Kammer-Präsident, nebst einem Kammer-Director, und einigen Kammerräthen, zur Leitung des Ganzen der Staats-Oekonomie, zur Bereisung der Domainen-Aemter, und zur Ober-Aufsicht über alle Finanzbeamte [2]).

Ein Kammermeister, Rentmeister, Landrentmeister, Landschreiber, Rentverwalter, hatte das Rechnungsdepartement, und war Rendant. Ihm wurden zunächst alle Rechnungen von den Unter-Beamten abgelegt [3]), darauf hatte er in den Sitzungen des Collegii den Vortrag in Rechnungssachen [4]).

Ein Kammer-Schreiber, Kammer-Einnehmer, Rentschreiber, Zahlmeister, hatte das Kassendeparte-

---

1) Notifications-Patent wegen des neu etablirten General-Ober-Finanz-Kriegs- und Domainen-Directorii. Vom 24. Januar 1723. Bey Mylius, Corp. Const. March., T. VI. Abtheil. 2. S. 241. ff.

2) Bestallung eines Kammerraths, bey v. Seckendorf, a. a. O., Th. IV. N. 4. S. 721. ff.

3) Ebendas. Th. III. c. 4. §. 2. S. 521. — §. 13. S. 553. — Bestallung eines Rent- oder Kammer-Meisters, Th. IV. N. 10. S. 822. ff.

4) Bestallung eines Kammerraths, a. a. O. § 16. S. 737. — §. 19. S. 740.

ment, war also Kassirer; führte die Gegenrechnung, und hatte den Vortrag in Kassensachen [1]).

Ein Kastner, zur Ober-Aufsicht über die Inventarien der Domainen-Aemter, und über den Bestand der Naturalien. Er mußte die Aemter zu gewissen Zeiten bereisen, um die Vorräthe nachzusehn, und die Wirthschaft zu untersuchen. Er hatte demnach das Oekonomiedepartement [2]).

Calculator, Sekretair, Registrator, Buchhalter, Diener.

---

1) Ebendas. Th. III. c. 4. §. 14. S. 557. — §. 19. S. 570.
2) Ebendas. §. 13. S. 553.

Zweite Periode.

Erstes Hauptstück.

Zeitpacht,

größten Theils von der zweiten Hälfte des siebenzehnten Jahrhunderts bis jetzt.

Erster Abschnitt.

Ursachen der aufkommenden Domainenverpachtungen; anfängliche Schwierigkeiten.

Mehr als ein Beyspiel hat die neuere Geschichte aufzuweisen, daß die Nation und die Regierung eines Staats durch ein tiefes Elend und lange anhaltende Zerrüttungen endlich dermaßen erschüttert worden sind, daß sie sich ermannt, und mit Anspannung den Grund zu einem Zustande gelegt haben, der, nach einigen Jahrzehenten, weit blühender war, als der Zustaud vor dem Anfange der Zerrüttungen. So wird unter andern bald nach der Endigung des dreyssigjährigen Krieges in mehrern Staaten von Deutschland eine erhöhte Lebensthätigkeit merklich. Ergriffen von dem dringenden Bedürfnisse, scheueten die patriotischen Fürsten keine Anstrengung, um so weniger, da ihnen der Westphälische Friede, wo nicht einen bedeutenden Zuwachs an landeshoheitlichen Rechten, doch die Befestigung derselben nach manchen Versuchen der Entziehung, verschafft hatte. Das erhöhte Selbstgefühl der Landesherrn, und das Bedürfniß der stehenden Truppen schon seit der Kreis-Executions-Verfassung, trugen bei, den Eifer der wohlgesinnten Fürsten anzufachen, um Deutschland aus dem tiefen Verfalle zu heben. Dazu kamen manche wichtige Veränderungen in Betreff des Gewerbes und Verkehrs. Die merkantilische Herrschaft der Hansa war endlich zerfallen und aufgelöset; die Fürsten und deren Räthe fingen an, das wahre Wesen des Nationalwohlstandes zu ahnen, und dasselbe nicht mehr ausschließlich in den ökonomischen Handel zu setzen, sondern auch den innern Verkehr zu würdigen und zu unterstützen. Seit der gierigen Bearbeitung der Bergwerke in Mexiko und Peru befand sich mehr Geld im Umlaufe; eine Folge davon war der vermehrte Unternehmungsgeist, der sich endlich auch auf die Landwirthschaft zu erstrecken anfing. Daran schloß sich eine andere wesentliche Folge: der verringerte Werth des Geldes, also der erhöhte Werth der Dinge, unvermeidlich bey vermehrtem Geldumlaufe. Auch der Staat mußte nun alles theurer bezahlen. Nicht nur war also eine Erhöhung der Staats-Einkünfte durchaus nothwendig, sondern mehr als jemahls war dies auch die Festigkeit und Unwandelbarkeit des Einnahme-Etats.

Vieles wirkte zusammen, die Verpachtung der Domainengüter der bisherigen Benutzungsmethode vorzuziehn. Aber der allgemeinen Einführung derselben standen manche Schwierigkeiten im Wege. Der Eigennutz vieler Kameralbeamten suchte die Administration beyzubehalten, weil bey dieser Nutzungsart viele Geschenke von den Amts- und Korn-Schreibern, Schäfern, Müllern, Krügern rc. vorfielen. Häufig also, wenn Bericht von den Kammern über die Verwandlung der Administration in Zeitpacht eingefordert wurde, stellten dieselben die Einführung der letztern als äusserst schwierig vor. Der gewöhnliche Gegengrund war dieser: »die Vortheile, die ein Pächter ziehe, könne ja der Landesherr selbst genießen.« Man verstand auch noch wenig, einen Anschlag zum Behufe der Verpachtung anzufertigen; denn wenn noch jetzt häufig wahrgenommen wird, daß Männer in den Kammer-Collegien sitzen, die höchstens einige Bruchstücke vom Civilrechte aufgegriffen, aber von Theorie der Staats- und Land-Wirthschaft, und von Veranschlagungsprinzipien, keinen Begriff haben: wie viel mehr mußte dieses vor anderthalb Jahrhunderten der Fall seyn! Noch ein Umstand kam hinzu, die allgemeine Einführung der Zeitpacht zu erschweren und zu verzögern. Durch üble Erfahrungen noch nicht vorsichtig gemacht, hatte man bey den ersten Verpachtungs-Versuchen versäumt, den Pächtern genaue Bedingungen und Vorschriften im Contracte zu machen, um die Unterthanen gegen die Willkühr derselben zu sichern. Da die Pächter nun die Unterthanen im Dienste drückten, und daraus viele Gährungen und Unruhen in den Domainen-Dörfern entstanden, so brachte dies anfänglich die neue Nutzungsmethode in üblen Ruf [1]. Allmählig aber ist sie doch fast in allen Reichsstaaten durchgesetzt worden.

---

1) Keller, de officc. iuridico-polit. l. II. c. 20. p. 527.

Zweiter Abschnitt.

Beispiele von Einführung der Zeitpacht in einigen Reichslanden.

1) Kursachsen.

In diesem Lande, dessen frühere Regenten in der thätigen Verbesserung des Staatshaushalts Muster für die übrigen geworden sind, wurden schon im sechszehnten Jahrhunderte Versuche mit Verpachtung sowohl einzelner Zugehörungen, als ganzer Domainen-Aemter, gemacht. Die ersten bekannten Beispiele sind von dem berühmten Kurfürsten Johann Friedrich, der bald nach dem Antritte der Regierung viele Kammergüter an Edelleute auf kurze, meistentheils nur einjährige, Pacht, austhat. Der Erfolg mußte ungünstig ausfallen, wegen des mangelhaften Verfahrens. Man hatte an keine Vermessungen und Grenzbesichtigungen gedacht, daher wurden die Grenzen bald verdunkelt, und vieles ging von dem Domainengrunde verloren. Dabey war noch keine Sorgfalt auf die Ausarbeitung eines neuen Etats für die Hofhaltung gewandt worden. Man mußte jetzt alle Lebensmittel kaufen; da ging es denn mit der Verpflegung des Hofs, wie im Felde mit der Verpflegung des Lagers: wer die Lieferungen zu besorgen hatte, bedachte sich selbst; und so kostete die Unterhaltung des Hofs mehr, als in den Pachtgeldern einkam. In kurzem ward also die Verpachtung wieder abgeschafft, und die Administration hergestellt [1]). Einige Beispiele von Verpachtungen kommen wieder unter dem Kurfürsten August, in der zweiten Hälfte des sechszehnten Jahrhunderts, vor; doch nur als Ausnahmen von der Regel der damahls noch fortdauernden Administration. Im Amte Weissensee wurden im Jahre 1561 der damahlige große See nebst den umliegenden Wiesen von der übrigen Wirthschaft getrennt, und an die Bürgerschaft dieser Stadt auf 9 Jahre verpachtet [2]). Ebendaselbst verpachtete der Kurfürst vier Jahre nachher den, vom zeitigen Inhaber ihm abgetretenen, Johannitercomthureyhof, an den dortigen Magistrat für 150 Gülden (zu 21 ggr.) [3]). Auch im folgenden siebenzehnten Jahrhunderte, bis in die zweite Hälfte desselben, wurden nicht selten die Fischereyen einzeln verpachtet [4]). Die anfänglich mit einzelnen Vorwerken und Zugehörungen versuchte Verpachtung ergiebt sich unter andern auch aus

---

1) Rosini vita Joannis Friederici magnanimi. Jenae 1602. 4. fol. Bb. 4.

2) Pachtcontract vom Freytage nach Invocavit 1561, bey Schreber, Abhandlung von Kammergütern. Zweite Aufl. Leipz. 1754. 4. Beilage E. S. 154.

3) Rescript des Kurf. August an den Schösser zu Weissensee, Philipp Nothnagel; — und Pachtverschreibung: beide vom Jahre 1565, — ebendaselbst, Beilagen G. und H., S. 159. ff.

4) Kurfürstl. Sächsische Fisch-Ordnung von Johann Georg II, um 1660. Bey v. Rohr, a. a. O., S. 858. ff.

manchen Stellen von alten Formularen, z. B.: »Blos »Solche sollen zum Pacht oder Bestand zuge»lassen werden, welche eine angemessene Caution »leisten können« [1]); — »wenn unsere Vorwerke, »Schäfereyen, und dergleichen Güter, verpachtet »sind« [2]); — »wenn der Pacht für gut befunden wor»den, soll der Kammerrath sich nach guten Wirthen um»thun, welche genugsamen Vorstand machen können« [3]).

Seit dem Jahre 1670 ward endlich die Verpachtung ganzer Domainen-Aemter in Kursachsen eingeführt, aus den Beschwerden zu schließen, welche in den nächsten Jahren die Landstände mehrmahls darüber führten, daß die kurfürstlichen Kammergüter und Vorwerke mit der Brauerey und Krug-Gerechtigkeit verpachtet würden, worunter die städtische Nahrung litte [4]); Beschwerden, die man höhern Orts gegründet befand, und denen der Kurfürst abzuhelfen versprach [5]). Weiterhin wird der Domainenpächter auch in landesherrlichen Verordnungen gedacht [6]).

2) Kur-

1) v. Seckendorf a. a. O. Th. III. c. 2. S. 374.
2) Bestallung eines Amtsschreibers, bey ebendemselben, Th. IV. N. 12. §. 8. S. 845.
3) Bestallung eines Kammerraths, ebendas. N. 4. S. 732.
4) Schrebers ausführliche Nachricht von Kursächsischen Land- und Ausschuß-Tagen. Halle 1754. S. 124.
5) Extract aus dem Ausschußtags-Abschiede v. 15. Febr. 1676, bey Lünig, Cod. Aug. T. I. S. 358. 359.
6) Befehl Friedrich Augusts I. v. J. 1722. Ebendas. T. II. S. 73.

2) Kurbrandenburg.

Daß die Fischerey in öffentlichen Gewässern schon im vierzehnten Jahrhunderte von den Markgrafen verpachtet gewesen ist, z. B. bey Werbelin, Biesenthal, Potsdam, Oderberg, Grimnitz, Wressen, Spandau, Köpenick rc. [1]), kann hier nicht in Betracht kommen, wo die Rede blos von Domainen-Zugehörungen ist.

Das Bedürfniß eines festen Domainen-Etats machte die Nothwendigkeit der Verpachtung immer fühlbarer; aber die angeführten Umstände erschwerten auch hier die Einführung derselben. Blos in Ansehung kleiner Domainenstücke, als Mühlen, hatte bisher eine Mischung von Zeit- und Erb-Pacht bestanden, eingeführt von jener Domainenrevisions-Commission unter Friedrich Wilhelm dem Großen im J. 1650, unter dem Namen Erbpacht. Es waren dabey keine Erbstandsgelder für das Inventarium bezahlt worden, die Kammer unterhielt die Gebäude, und trug alle Unfälle; aber der jährliche Canon war dem Ertrage nicht gleich, sondern unter demselben angesetzt, und die Pacht war erblich [2]).

Die beste Gelegenheit, den Anfang mit der Zeit-

---

1) Landbuch der Mark Brandenburg, abgefaßt 1370—1377. Herausgegeben von v. Herzberg. Berlin, 1781. 4. S. 20. 22. 24.

2) Histor. Beiträge, Th. II. B. I. S. 19.

pacht zu machen, bot eine neu erlangte Provinz, das Herzogthum Magdeburg, dar, wo zum wenigsten keine Schwierigkeiten von Seiten der Kameralbeamten gemacht werden konnten. Bald nach dem der Kurfürst den Besitz des Landes angetreten hatte, wurde die Zeitverpachtung der, zu Domainengütern eingerichteten, erzbischöflichen Tafelgüter, beschlossen; und im Jahre 1684 ausgeführt. Die Pachtungen wurden auf den Zeitraum von 6 Jahren angelegt, welches man nachher in den übrigen Provinzen nachgeahmt, und bis vor wenigen Jahren beibehalten hat. Großen Eindruck machte es, daß die Nutzung der Magdeburgschen Domainen um 20,000 Rthlr. höher ausfiel, als sie bey der bisherigen Methode der Administration gewesen war; ein mächtiger Beweggrund, die Zeitverpachtung nun auch in den alten Provinzen durchzusetzen. Man fuhr um so eifriger damit fort, da bey den neuen Verpachtungen der Magdeburgschen Domainen schon eine beträchtliche Erhöhung der Pachtsumme Statt fand, z. B. in dem Amte Giebichenstein ward bey der zweiten Verpachtung im Jahre 1690 ein Plus von 2000 Rthlr., bey der dritten im J. 1696 das noch größere von 7000 Rthlr., herausgebracht; so daß nun die Pachtsumme auf 24000 Rthlr. stieg, da sie zwölf Jahre vorher nur 15000 Rthlr. betragen hatte.

Die erste Einrichtung der Zeitpacht seit dem Jahre 1684 war vorzüglich das Werk eines Herrn von Knyphausen, dem im genannten Jahre die Direction des Domainenwesens aufgetragen wurde; aber die fortgesetzte bessere Nutzung der Domainen durch Zeitpacht verdankte der Staat dem geheimen Kammerrathe und Ober-Rentmeister von Kraut, einem geschickten und thätigen Manne, durch dessen Eifer der Domainen-Etat beträchtlich erhöht wurde. Seit dem Jahre 1696 vermehrte er bey den neuen Verpachtungen die Domainen-Einkünfte in der Provinz Magdeburg um 34,000 Rthlr., in Halberstadt um 8,000 Rthlr., in der Neumark um 10,000, in Pommern um 23,000, in Cleve und Mark ebenfalls um 23,000. Auch in der Kurmark gedachte er ein ansehnliches Plus herauszubringen, da er aber die vorzügliche Gunst des Landesherrn besaß, so verfolgte ihn der Neid. Ein gewisser Lindholz, ebenfalls geheimer Kammerrath, wußte ihn von diesem Geschäfte zu verdrängen, um sich den Ruhm zu erwerben, die Kurmärkschen Domainen-Einkünfte erhöht zu haben. Der thätige Kraut war mancherley Ränken ausgesetzt. Er hatte bey Verpachtung der Clevschen Domainenländereyen die Neuerung gemacht, die Vorwerke einzeln zu verpachten, also die Generalpachtungen abzuschaffen. Dadurch hatte er den Ertrag ansehnlich gesteigert. Diese Methode wollte er auch auf andere Provinzen ausdehnen; im Magdeburgischen machte er wirklich den Anfang mit dem Amte Egeln. Aber von allen Seiten erhoben sich

Widerspruch und Verläumdung; der unternehmende Reformator ward 1698 verabschiedet [1]).

Mit dem Ablaufe des siebenzehnten Jahrhunderts waren alle Domainengüter auf sechsjährige Zeitpacht ausgethan, und wurden spätestens im Jahre 1703 pachtlos. — Nun trat eine kurze Unterbrechung der Zeitpacht ein, (von 1701 bis 1711), wovon die Ausführung unten folgen wird. Im ganzen hat die sechsjährige Zeitpacht seit 1711 fortgedauert; seit kurzem aber werden bei neuen Verpachtungen längere Pachtperioden zum Grunde gelegt, nämlich, bey vorausgesetzter Drey- oder Sechs-Felderwirthschaft, 12, 15, bis 18 Jahre [2]); doch mit Verzicht auf alle Remissionen, wenigstens unter der Bedingung, dieselben als bloße Gnadensache zu betrachten. Auch sind vor einigen Jahren einige Vorwerke in Pommern und der Neumark in Erbpacht ausgethan worden.

3) Oestreich.

Unter Leopolds I. Regierung, seit dem Jahre 1699, kommen in dieser Deutschen Provinz die ersten Beispiele von Domainen-Verpachtungen vor. In der landesherrlichen Verordnung, die im angeführten Jahre

---

1) Ebendaselbst, S. 22—25.

2) Cabinets-Resolution an den geh. Staats- und Finanz-Minister von Voß, vom 16. July 1799. (dem Verfasser handschriftlich mitgetheilt.)

darüber erschien, werden folgende Bedingungen als die vorzüglichsten vorgeschrieben [1]).

a) Die Aemter, die der Landesherr zu verpachten oder in Appalto zu geben beschliessen würde, sollten demjenigen zugeschlagen werden, der das höchste Gebot thäte, und hinlängliche Sicherheit leisten könnte.

b) Das Verpachtungsgeschäft sollte, unter der Direction der geheimen Kameral-Commission, von einer subdelegirten Appalto-Commission vollzogen werden.

c) Zu Bestandnehmern oder Appaltisten könnten Bürgerliche und Adeliche, Einheimische und Fremde, genommen werden; es könnten auch Mehrere zusammentreten, die aber alsdann solidarisch für die Pachtsumme haften müßten.

d) Die Pächter könnten sogar ihre Pachtstücke ganz oder theilweise in After-Appalto geben, doch mit Vorwissen der subdelegirten Appalto-Commission.

Auf wie viele Jahre die Domainen verpachtet werden sollten, wird nicht bemerkt.

4) Kur-Braunschweig-Lüneburg.

Zufolge der oben angeführten wichtigen Amts-Ordnung des Herzogs Johann Friedrichs vom

---

1) Appalto- und Pacht-Ordnung vom 31. Oct. 1699. Bey von Guarient, Codex Austriacus, Fol. 1704. Th. I. S. 72. 73.

Jahre 1674 war in diesem Jahre schon in den meisten Aemtern der Haushalt entweder an den Amtmann, oder an den Amtsschreiber, verpachtet [1]). Eine Verordnung vom Jahre 1692 verbietet den Pächtern, fremdes Vieh gegen ein Weidegeld an den Amtsweiden Theil nehmen zu lassen [2]). Den Pächtern war die Hebung und Berechnung der Gefälle von den Unterthanen nicht mit aufgetragen, sondern es waren dazu besondere Rechnungsführende Beamte angestellt [3]).

---

1) §. 35.

2) Kammer-Ausschreiben vom 16. May 1692, in den Kur-Braunschweig-Lüneburgschen Landes-Ordnungen. Vierter Theil, C. V. S. 89. 90.

3) Instruction wegen zu führender ordentlicher Amts-Manualien rc. vom 6. Junii 1736. Besonders abgedruckt, Fol.

Zweites Hauptstück.

Zergliederung,

größten Theils im Laufe des achtzehnten Jahrhunderts.

Erster Abschnitt.

Veranlassung.

Eine der größten Epochen in der neuern Geschichte macht die Einführung der stehenden Heere, besonders seit den Religionskriegen im sechszehnten und siebenzehnten Jahrhunderte; von gleichwichtigem Einflusse auf die äussere, wie auf die innere, Politik. Schon immer ist zwar das Schwert der lëtzte Schiedsrichter der Völker, oder vielmehr ihrer Regenten und deren Minister, gewesen; doch war in den frühern Zeiten der neuern Geschichte die militairische Macht nicht der einzige Maßstab, nach welchem man die politische Wichtigkeit eines Staats beurtheilte; nicht die einzige Stütze bey völkerrechtlichen Verhandlungen. Die Truppen, aus bloßen Ministerialen bestehend, waren nie so bedeutend, daß die Fürsten dadurch zu einem trotzigen Tone in den Verhandlungen verleitet worden wären. Aus Lehntruppen, die in der Folge aufkamen, konnte zwar eine größere Armee zusammen gebracht werden; aber seit der Erblichkeit der Lehngüter war auf eine solche Armee nicht mit Gewißheit zu rechnen; es fehlte an Pünktlichkeit, Ausdauer, Disciplin. Bey den außerordentlichen Söldnern, zu denen sich daher endlich die Fürsten bey entstehenden Kriegen genöthigt sahen, und die im Frieden wieder entlassen wurden, fanden zwar diese Mängel nicht Statt; es wurden aber dem pochenden Wesen der größern Fürsten, und der augenblicklichen Streitfertigkeit derselben, durch zwei andere Umstände Grenzen gesetzt. Ein ansehnliches Heer von Söldnern aufzubringen, war umständlich und schwierig, da noch keine Cantonverfassung bestand, und die Landesherrn über die Hintersassen des Adels und der Geistlichkeit noch wenig schalten konnten. Eben so schwierig war die Anschaffung der großen Geldsummen zur Unterhaltung der Söldner, indem sich bey erneuerten Steuer-Forderungen oft so großer Widerspruch von Seiten der Stände erhob, daß die Landesherrn ihre Zumuthung zurücknehmen, also die kriegerischen Entwürfe aufgeben mußten. In den neuesten Zeiten hingegen unterhalten die Landesherrn **stehende Truppen**, die binnen kurzer Zeit ins Feld geführt werden können; und das Steuerwesen ist auf einen festen Fuß gesetzt.

Da also vormahls noch nicht ausschließlich der militairische Geist alle diplomatische Geschäfte durchdrungen hatte, so geschah es nicht selten, daß auch die kleinern und weniger mächtigen Staaten ihr Recht behaupteten. Drey Perioden des Völkerrechts müssen in der neuern Geschichte unterschieden werden: die römisch-kirchenrechtliche, die römisch-privatrechtliche, und die militairische. In der ersten Periode wurden zu diplomatischen Geschäften, zu Gesandtschaften und auswärtigen Verhandlungen, lauter Geistliche genommen; sehr natürlich verfuhren diese Männer nach den Grundsätzen, von denen sie eingenommen waren; im ganzen Völkerrechte lebte daher lange Zeit ein römisch-kanonischer Geist. Weiterhin, als sich das Römische Privatrecht mit beispielloser, aber erfreulicher, Allgemeinheit, verbreitete, drang dasselbe auch in das Staats- und Völker-Recht ein. In dieser zweiten Periode bestanden die diplomatischen Personen größtentheils aus Juristen, die, von dem Römischen Rechte eingenommen, nach den Grundsätzen desselben verfuhren. Jetzt fragte man im Ernste nach Rechtstiteln, man benutzte die Archive, es war die Periode der historisch-publicistischen Deductionen. Seitdem aber eine dritte Periode des Europäischen Völkerrechts eingetreten ist, in welcher dasselbe weder auf die eine, noch auf die andere, Art mehr Römisch, sondern durchaus militairisch, ist, giebt in den meisten auswärtigen Verhandlungen von Wichtigkeit, die Aeusserung den Ausschlag, die Armee mobil machen zu wollen. Daher können die Staaten der zweiten und dritten Größe selten mehr allein stehn, sondern müssen sich meistentheils an einen der ersten Größe anschließen.

Der militairische Geist unseres Zeitalters, seit dem Aufkommen der stehenden Truppen, hat besonders in Deutschland manche Verfügungen der Regenten und Staatsmänner veranlaßt. Der Wunsch, ja die Nothwendigkeit, eine möglichst starke Zahl beständiger Söldner zu unterhalten, führte zunächst auf Entwürfe, die Bevölkerung zu vermehren, um nach und nach der ausländischen Werbungen überhoben zu seyn: ein Gegenstand der Sorgfalt des Staats, aus mehrern andern Gründen so wichtig, daß manche neuere Schriftsteller die Vermehrung der Bevölkerung als ersten Grundsatz der innern Politik annehmen zu müssen geglaubt haben. Durch vermehrte Bevölkerung besonders auf dem Lande, hoffte man, größere Wohlhabenheit der Nation zu bewirken, die Masse des umlaufenden Geldes zu vermehren, den Steuerkassen reichere Zuflüsse zu verschaffen, und so die nöthigen Summen zur Unterhaltung der stehenden Truppen zu gewinnen: ein deutlicher Beweis, daß endlich das Vorurtheil für die Städte, als einzige Quelle des Nationalreichthums, abnahm. Was die gehoffte größere Wohlhabenheit der Nation, als Folge der vermehrten Bevölkerung auf dem Lande, betrift, so erwog man, daß die Landeskultur ansehnlich steigen, und eine größere Masse von Naturprodukten hervorgebracht werden, müsse, wenn die Zahl der freyen, und mit Eigenthum versehenen, Landbauer, ansehnlich vermehrt würde; und daraus zog man den Schluß, daß Land- und Stadt-Bewohner gewinnen müssen: jene, weil sie mehr in die Städte zu verkaufen haben; diese, weil sie wegen vergrößertes Vorrathes wohlfeiler kaufen. In eine Prüfung dieser Schlußfolge einzugehn, wäre dem Zwecke dieser, blos historischen, Abhandlung, nicht angemessen.

Es kam nun hauptsächlich auf die Mittel an, die Vermehrung der ländlichen Bevölkerung zu bewerkstelligen, wovon die ganze Folge der Landesverbesserungen ausgehn sollte. Der erste Einfall, der am schnellsten zum Ziele zu führen versprach, bey dem man daher am meisten stehn geblieben ist, war dieser: von aussen ins Land gezogene Colonisten anzusetzen. Darauf ist man auf ein anderes Mittel zur Vermehrung der Bevölkerung auf dem Lande, und zur Erhöhung der Kultur des Bodens, verfallen, das zwar langsamer wirkt, aber zuverlässiger ist, und mit der Vaterlandsliebe und Integrität der Nation besser besteht: Freiheit und Eigenthum der einheimischen, gutshörigen Landleute; woraus die Vermehrung der Ehen auf dem Lande von selbst erfolgt.

Wo sollte aber das Land hergenommen werden, um eine beträchtliche Zahl neuer Wirthschaftshöfe anzulegen, und dieselben mit ausländischen Colonisten, oder auch mit freygelassenen Landeskindern, zu besetzen? Da der Staat nicht willkührlich über das Privat-Eigenthum schalten kann, so lag der Gedanke sehr nahe: Domainenländereyen zu nehmen, und dieselben in einzelne Bauerhöfe zu verwandeln; wodurch unter andern vieles noch wüste liegende Land urbar gemacht werden sollte, das zwar zu gewissen Vorwerken gehörte, aber wegen des zu großen Umfanges der Feldmarken unbenutzt bleiben mußte.

Zweiter Abschnitt.

Beispiele.

Einleitung.

Ueber die Zergliederung Kursächsischer Domainenvorwerke im sechszehnten Jahrhunderte, und über den mehrmahligen Vorschlag des Abbaues der Kurbrandenburgschen Domainen.

Urheber der Idee des Abbaues der Domainen ist ein gewisser Bernd von Arnim, Kurbrandenburgscher Kammerdirector unter der Regierung des Kurfürsten Joachims des ersten. Unter verschiedenen Entwürfen, die dieser denkende Staatswirth dem Kurfürsten vorlegte, die Mark Brandenburg bevölkerter und blühender zu machen, war auch dieser: die Domainenvorwerke zu zerschlagen, und auf den Parcellen Colonistenfamilien anzusetzen. Der Kurfürst war dem Plane nicht abgeneigt; da er aber bald darauf starb (1535), so kam die Sache nicht zur Ausführung.

Ein Sohn jenes wackern Brandenburgschen Staatsmanns, Franz von Arnim, Kursächsischer Finanzbeamter, während der wohlthätigen Regierung des aufgeklärten Kurfürsten August, soll den Entwurf seines Vaters weiter verfolgt, und mit Bewilligung des Landesherrn im Großen ausgeführt haben. Drey hundert Kursächsische Domainen-Vorwerke sollen in dem Zeitraume von 1555 bis 1570 zerlegt, und die Parcellen an Colonisten, einheimische und Ausländer, als Erbzinsgüter ausgethan worden seyn. Indem auf jedem Vorwerke dreissig, überhaupt also neuntausend, neue Wirthschaften eingerichtet worden, soll die Bevölkerung ausserordentlich zugenommen haben.

Die Nachricht ist durch zwei Berliner Schriftsteller, die Kriegsräthe Fischbach und Heerwagen, im Publikum verbreitet worden: jener hat zwey Documente darüber abdrucken lassen [1]), wovon dieser in einem Aufsatze über die staatswirthschaftlichen Verdienste des Kurfürsten August, ohne weitere Untersuchung, Gebrauch gemacht hat [2]).

Dem Verfasser des gegenwärtigen historischen Versuchs mußte es auffallen, daß in keiner Sammlung von gedruckten Hülfsmitteln zur Kursächsischen Geschichte irgend eine Spur von jener Finanz-Einrichtung anzutreffen ist, da dieselbe doch vieles Aufsehen erregt haben müßte; daß bey Lünig, Weck, Wabst, Horn, v. Rohr ꝛc. keine Nachricht von einer so wichtigen Operation vorkömmt, wozu doch,

---

1) In den historischen Beiträgen ꝛc. Th. I. S. 58. — Th. II. B. I. S. 55. 56.

2) In Woltmanns Zeitschrift: Geschichte und Politik, J. 1800, St. XI. XII. J. 1801, St. II. III.

bey Erwähnung der Verdienste des vortrefflichen Regenten um die Landeskultur, so viele Gelegenheit gewesen wäre; daß sich nirgends weder Edikte in Betreff der angegebenen Zergliederung, noch Formulare von den Erbzinskontrakten, vorfinden; hauptsächlich aber, daß von dreyhundert, der Angabe nach zergliederten, Vorwerken, kein einziges irgendwo namentlich angegeben ist. Wenn dieser gänzliche Mangel an **gedruckten** Nachrichten freilich kein Grund seyn kann, die Sache für unwahr zu halten; so konnte sich der Verfasser doch auch nicht entschließen, dieselbe ohne Weiteres für wahr anzunehmen, da die beiden Documente, auf die sich die Nachricht allein stützt, **ohne Unterschrift und Jahrzahl sind.** Es mußte ihm an zuverlässigen archivalischen Nachrichten gelegen seyn. Er wandte sich demnach mittelbar an Männer in Dresden, denen der Zutritt zu den Landes-Archiven und Registraturen verstattet ist; aber die einstimmige Versicherung derselben, insbesondere des Landrentmeisters, der Kammer-Registratoren, auch des, mit den dortigen Archiven sehr bekannten, Hofraths **Adelung**, ging dahin, daß von einer solchen Vertheilung kurfürstlicher Amtsvorwerke durchaus keine Spur in den Sächsischen Archiven vorhanden sey. Eben dasselbe hat ein, mit der Geschichte des Kursächsischen Finanzwesens sehr vertrauter, Mann, der, vor einigen Jahren verstorbene, Kursächsische Landrentmeister **Hunger**, Verfasser der

Denkwürdigkeiten zur Finanzgeschichte von Sachsen, öffentlich versichert [1]). Auch unter den alten Papieren, die sich über die Kursächsischen Kammer-Rechnungen aus jenen Zeiten im geheimen Landes-Archiv zu Berlin befinden, ist nichts davon anzutreffen; welche Versicherung der Verfasser dieser Schrift dem geheimen Staats- und Cabinets-Archivarius, Herrn geheimen Kriegsrath Klaproth, verdankt, mit dem er sich deshalb in Correspondenz gesetzt hatte.

Bey dieser Dunkelheit und Zweifelhaftigkeit der Sache suchte der Verfasser zum wenigsten einige Aufklärung über die beiden, von Herrn Fischbach zum Drucke beförderten, Documente zu erhalten. Er wandte sich schriftlich an denselben, und erhielt in einer sehr humanen Zuschrift folgende Auskunft, die nachher auch, in größerer Ausführlichkeit, gedruckt erschienen ist, als Beantwortung einer ähnlichen, durch den Hungerschen Widerspruch veranlaßten, Anfrage des Herrn Heerwagen [2]).

Die bewußten zwey Documente werden in dem alten geheimen Archiv des vormahligen General-Finanzdirectorii aufbewahrt. Das ältere von beiden [3]) befindet

---

1) In derselben Woltmannschen Zeitschrift, J. 1802, St. III. IV. S. 357.

2) Daselbst, J. 1804, St. VII.

3) Nachricht von der, in den Jahren 1555 bis 1570 bewürkten, Zergliederung der Churfürstlich sächsischen Vorwerker. In den histor. Beiträgen, Th. II. B. I. S. 55—58.

befindet sich als Beilage bey einer, von dem Oberkämmerer Grafen von Wartenberg im Jahre 1681 eingereichten, Schrift, und ist dadurch ein Actenstück geworden. Das andere [1]), im Jahre 1683 von einem gewissen Gollen aufgesetzt, ist auf folgende Veranlassung entstanden und zu den Acten gekommen. Ein zweiter Bernd von Arnim, Franzens Enkel, Präsident der Kurmärkischen Amtskammer, und Amtshauptmann von Lebus und Fürstenwalde, brachte unter der Regierung des Kurfürsten Friedrich Wilhelms des Großen den Vorschlag seiner Vor-Eltern wieder in Anregung. Er ward im Jahre 1653 verabschiedet, ohne weiter in der Sache etwas gethan zu haben. Der genannte Göllen, dem er seine Plane und Papiere anvertrauet hatte, ein fähiger Mann, ging nach Sachsen, war daselbst einige Zeit im Finanzfache angestellt, und machte sich durch manche nützliche Einrichtungen bekannt. Der Graf von Wartenberg zog ihn 1683 wieder in Kurbrandenburgsche Dienste, um die Domainenwirthschaft, die seit der Wieder-Einführung der reinen Administration durch Bodo von Gladebeck verworrener war, als jemahls, nach bessern Grundsätzen einzurichten. Gollen, von dem Arnimschen Benutzungssystem eingenommen, setzte im genannten Jahre einen Bericht an den Kurfürsten auf, worin er den Abbau

1) Extract aus dem von Arnimschen Project. Daselbst, Th. I. S. 58.

der Domainen empfahl. Die Hauptgründe, mit denen er den Vorschlag unterstützte, waren: die steigende Bevölkerung, also die Aussicht auf die Unterhaltung einer stärkern Armee; dabey die Vermehrung der Staats-Einkünfte vermittelst der Steuern; und die Verringerung der Getreidepreise für die Städtebewohner, also die Vermehrung des Kunstfleisses. Dieser Bericht hatte wenigstens die Folge, daß der große Kurfürst in den Jahren 1685 und 1686 verschiedenen Französischen Flüchtlingen, die die Landwirthschaft treiben wollten, Domainenländereyen in der Mark Brandenburg anweisen ließ [1]).

Dies Aktenstück ist der zweite Grund, auf dem die Angabe der Zergliederung von 300 Kursächsischen Vorwerken in der zweiten Hälfte des sechszehnten Jahrhunderts beruht. Theils kommen nämlich die Worte darin vor: »in Sachsen, wo über 20,000 »Familien auf den zergliederten Vorwer»ken wohnen« [2]); — theils hat Gollen einen Auszug aus den Arnimschen Zergliederungsplanen, die er in Händen hatte, beigelegt [3]). Wenn diese Beilage, als ein Auszug aus bloßen Projekten, nichts beweiset, so verdient doch die, als Thatsache hingeworfene, und in einem Berichte an den Landesherrn angeführte, Nachricht, daß über 20,000 Familien auf wirklich zergliederten Vorwerken wohn-

1) Ebendaselbst, S. 56. 57.

2) S 56.

3) S. 58.

ten, alle Aufmerksamkeit. So viel ist auch bekannt, daß sich bey vielen Kursächsischen Aemtern keine Oekonomien, keine Amts- noch Vorwerks-Aecker, sondern blos Gefälle und Hebungen, befinden, und die Unterthanen alles Land inne haben.

Wenn also, wie es wahrscheinlich ist, die Zergliederung Kursächsischer Vorwerke unter dem Kurfürsten August im sechszehnten Jahrhunderte, wo nicht in der angeblichen Ausdehnung, doch in einigem Grade, Statt gehabt hat: so scheint die Operation nicht sowohl in der Zerlegung schon kultivirter, von dem Vorwerkshofe aus bewirthschafteter, Ländereyen, bestanden zu haben, also nicht eigentlich in der Auflösung von Vorwerken, sondern in der Ansetzung von Colonisten auf wüsten, zum Amtsgebiete gehörenden, Gegenden, wo sich keine Vorwerke befanden; und in der Verwandlung dieser urbar zu machenden Parcellen in Erbzinsgüter: eine Operation, die schon im Mittelalter, besonders auf den Gütern der Geistlichen, häufig vorkömmt. Wirklich haben sich auch in mehrern Sächsischen Aemtern Urkunden und Nachrichten erhalten, daß unter dem genannten verdienstvollen Kurfürsten viele Unterthanen auf diese Weise angesetzt worden sind [1]).

1) Schreber, Abhandlung von Kammergütern, S. 72. Note 5.

I.

Kurbrandenburgsche Lande.

Unter der Regierung Friedrichs, des ersten Königs von Preussen, suchte ein gewisser Luben, nachheriger geheimer Kammerrath, den Arnimschen und Gollenschen Zergliederungsplan mit vielem Geräusche wieder hervor [1]). Er arbeitete denselben aus, und überreichte ihn dem Landesherrn im May 1700. Der wesentliche Inhalt sowohl dieses Entwurfs [2]), als eines Berichts vom 12. Febr. 1703 [3]), war folgender.

A) Gründe wider die Verpachtung der Domainen.

a) Die kostspielige Unterhaltung der Gebäude. Ein grosses Capital stecke in denselben, wovon die Zinsen verloren gehn.

b) Die unangenehmen Remissionsfälle, wodurch der Domainen-Etat schwankend werde. (Denn es bestand noch nicht die jetzige Einrichtung, der zufolge der Provinzial-Domainen-Etat niemahls durch bewilligte Remissionen eine Veränderung leidet, indem der Pächter keine Pachtgelder auf Ab-

---

1) Hist. Beitr. Th. II. B. 1. S. 26. ff.

2) Unterthänigstes Project, welchergestalt Sr. Kurfürstlichen Durchlaucht, unsers gnädigsten Herrn, Domainen und Einkünfte auf viele tausend Thaler jährlich ohne einigen Hazard vermehrt und verbessert werden können. Ebendaselbst. Beilage P., S. 94.

3) Daselbst, Beilage T., S. 110.

rechnung an sich behält, sondern seine volle Pachtsumme abführt, und die Remissionssumme dagegen aus einem ausserordentlichen Fonds erhält).

c) Die vielen Neben-Unkosten, als: Zehent an die Geistlichen, Speisung der Dienstleute, Ausgaben bey Abnahme der Forstrechnungen auf den Holzmärkten ꝛc.

B) Gründe für die Zergliederung.

a) Jedes Vorwerk könne unter 12 Bauern und 5 Cossaten vertheilt werden. Eine große Summe von Kaufkapitalien für die Aussaat oder für die Parcellen des Feld-Inventarii, und für den Viehstand der Vorwerke, werde zusammen kommen. Man müsse diese Gelder möglichst auf den vereinzelten Grundstücken stehen lassen. Auf 6 Pr. Cent könne man bey der Verzinsung rechnen.

b) Ein ansehnlicher jährlicher Canon.

c) Ein beträchtliches Dienstgeld an der Stelle der Natural-Dienste, deren Abschaffung von selbst aus der Auflösung der Vorwerke folge.

d) Keine weitere Unterhaltung von Gebäuden, als die, des Amtshauses; denn das Amt müsse bleiben, zur Verwaltung der Justiz und Polizey, und zur Hebung der Gefälle. Ferner keine grundherrliche Remissionen mehr; kein Zehent ꝛc.

e) Festigkeit des Domainen-Etats.

f) Bessere Kultur des Bodens, da noch ein Drittheil aller Domainenländereyen wüste liege. Der Parcellenbesitzer, der alsdann nur weniges, und d bey eigenthümliches, Land, bestelle, und wegen der abgeschafften Dienste mehr Zeit und Lust habe, werde das Land in ganz andern Culturstand setzen. Mehrere neue Dörfer werden entstehn.

g) Steigende Bevölkerung. Die Colonisten könnten theils aus dem benachbarten Sachsen ins Land gezogen werden, wo die Unterthanen, zu sehr mit Abgaben beschwert, zum Auswandern bereit seyn würden; theils könnte man dazu solche Inländer nehmen, die noch kein Eigenthum besäßen. Stärkere Mannschaft für die Armee.

h) Mittelbare Vermehrung der Staats-Einkünfte: mehr Contribution; mehr Einnahmen aus den Forsten, aus denen die Colonisten ihr Holz nehmen müßten; mehr Mahlgeld; höhere Nutzung der Bierbrauereyen, welche ferner bey dem Amte bleiben.

i) Wohlfeilere Preise der ländlichen Produkte. (Die Kammertaxe des Roggens war damahls 12 ggr.) Daher Aufnahme der Städte.

k) Mehr Vaterlandsliebe unter den Eigenthümern, als unter den Pächtern, und den hörigen Hintersassen.

Die vorgespiegelten Vortheile waren so lockend, daß der Regent den Plan genehmigte, und dem gewandten Luben die Ausführung auftrug. Die Parcellen sollten auf Erbpacht ausgethan werden. Den Anfang machte Luben im Jahre 1701 mit 37 Kurmärkschen Vorwerken; und fuhr fort mit den Magdeburgischen und Halberstädtschen [1]). Er entwarf im Jahre 1703 eine Berechnung, daß die, bis dahin zergliederten, Vorwerke, im Jahre 1702 schon 30,000 Rthlr. mehr eingetragen haben sollten, als in den letzten Jahren der Pacht [2]). Seine Einrichtung war jedoch nicht Zerlegung im strengen Sinne, d. i. keine Verwandlung der Domainen in kleinere Bauergüter; sondern jedes Vorwerk ward unter 5 bis 10 Erbpächter getheilt, die meistentheils angesehene Männer waren, z. B. Amtleute, bisherige Zeitpächter rc.

Blos im Halberstädtschen meldeten sich wohlhabende Bauern und Ackerbürger [3]). Da mußten sich die Gemeinden solidarisch für die richtige Ablieferung des Canons verpflichten [4]).

Die Sache ward mit Hitze und mit einer auffallenden Rechtsverletzung betrieben. Obgleich die Zeitpachtungen noch nicht abgelaufen waren, wurden sie doch, den bündigen Contracten zuwider, durch einen

---

1) S. 27.
2) S. 111.
3) Beilage V., S. 114. 115.
4) S. 29.

Machtspruch aufgehoben, und die Pächter mußten sich abfinden lassen, da man den Grundsatz aufstellte: Zeitpacht müsse der Erbpacht weichen [1]). Aber dieses rechtswidrige und leidenschaftliche Verfahren erregte theils ein großes Mistrauen gegen die Operation, so daß viele Erbpächter befürchteten, gleiches Schicksal, wie die Zeitpächter, zu haben, wenn einst die Erbpacht wieder verwerflich befunden werden sollte; theils machte es die ganze Methode der Domainenbenutzung, und deren Urheber, verhaßt, und empörte das Publikum. In zweyen Verordnungen ward streng verboten, von der neuen Einrichtung etwas Uebles zu sprechen [2]). Gleichwohl erklärten sich viele denkende und unterrichtete Männer laut gegen die Einrichtung. Selbst die geheime Hofkammer zu Berlin, und die Kammern in den meisten Provinzen, waren dagegen. Mehrere juristische Abhandlungen und Disputationen erschienen um diese Zeit, in denen die Erbverpachtung als eine Art von Veräusserung angesehn wurde; und nach den untergelegten Römischen Begriffen hielt man die Domainen für un-

---

1) S. 36.

2) »Patent wegen Erb-Verpachtung der Aemter und Do-»mainen, und daß davon nicht übel gesprochen werden »soll. Vom 2. Jan. 1704.« Bey Mylius, Corp. Const. March., T. IV. Abth. II Cap. 3. p. 145. —
»Patent wider die Erbpacht nicht zu sprechen. Vom »31. Aug. 1707., Ebendas. S. 159.

veräusserlich [1]). Der erste Finanzminister und Oberkämmerer, Graf von Wartenberg, einer von den wenigen, die dem Luben geneigt waren, betroffen von der fast allgemeinen Mißbilligung der Operation, wandte sich 1703 an den geschickten geheimen Kammerrath von Kraut, und forderte von ihm ein Gutachten darüber.

Wesentlicher Inhalt desselben [2]).

1) Im Ganzen sey es nachtheilig, die Domainen zu zergliedern, und die Parcellen in Erbpacht auszuthun, also das ganze Feld- und Vieh-Inventarium zu verkaufen; weil dadurch, dem Sprichworte zufolge, die Henne abgeschlachtet werde, und nun keine Eyer mehr legen könne. Das nutzbare Eigenthum werde auf immer weggegeben; die Nutzung könne daher niemahls steigen, und mit den steigenden Preisen Schritt halten; welches dagegen bey den Zeitpachtungen der Fall sey. Bey diesen sey, wegen zunehmender Bevölkerung und Indüstrie, ein immer steigender Ertrag zu erwarten.

2) Am wenigsten sollte man die Parcellen an unbemittelte Leute vererbpachten, noch an solche, die schon contribuable Aecker besässen. Denn es sey ein Irrthum, anzunehmen, daß bey Erb-

1) Frisii Corp. juris domanialis.

2) Beilage S. in den historischen Beitr. Th. II. B. I. S. 108. ff.

pächten keine Remission vorfallen werde. Armen Erbpächtern werde, bey größern Unfällen in der Wirthschaft, allerdings Remission gegeben werden müssen, widrigenfalls sie zu Grunde gehen müßten. Von wohlhabenden Zeitpächtern aber sey dies nicht zu befürchten: diese hätten bisher schon den vierten Theil des Schadens häufig selbst getragen. Auch die solidarische Verpflichtung der Parcellenbesitzer eines Vorwerks werde nichts helfen, wenn sie alle arm seyen.

3) Blos in Gegenden, die noch nicht sonderlich angebauet seyen, und wo noch wenig Bevölkerung Statt habe, sey es rathsam, einige Domainenstücke an wohlhabende Personen zu vererbpachten, damit mehr Landeskultur und Bevölkerung entstehe.

Die allgemeine Stimmung gegen die Sache flößte endlich dem Könige selbst einiges Mißtrauen dagegen ein, so sehr ihn übrigens der Urheber gefesselt zu halten wußte. Wenigstens nahm der König Anstand, die Erb-Contracte eher bestätigen zu lassen, als bis der Vortheil gewiß sey; vorzüglich aber verweigerten die Kammern, mit der ganzen Einrichtung unzufrieden, diese Bestätigung, da sie eine baldige Aenderung hofften. Daher waren noch im Jahre 1709 viele Contracte nicht vollzogen [1]). Aber dieses be-

1) Daselbst, S. 165.

stärkte auch die Erbpächter selbst in ihrem Mißtrauen gegen die Dauer des Besitzes; sie zögerten deshalb mit der Abführung des Canons.

Einiger Maßen wankend, verordnete der König schon 1703 eine Commission zur Untersuchung der Parcellen-Erbverpachtung, unter der Direction der geheimen Hofkammer. Die Hauptpunkte in der Instruction für die Commissarien waren folgende [1]).

1) Zu untersuchen, ob der Ertrag der Erbpacht gegen den vorigen, der Zeitpacht, gestiegen sey; und wenn dies jetzt sey, ob der Mehr-Ertrag auch für die Zukunft zu erwarten stehe?
2) Wie sich die jetzige Summe des Zug- und Nutz-Viehes auf den Theilen jedes Vorwerks zu der vormahligen verhalte: ob alles Vieh im Lande geblieben sey, und also der Dungzustand der Aecker nicht gelitten habe?
3) Ob neue Familien angesetzt worden?
4) Ob die Parcellen-Besitzer gut wirthschaften, den Acker kultiviren, sich angebauet haben?
5) Ob die Caution überall geleistet sey?
6) Ob die Vertheilung richtig geschehen, und die Grenzen berichtigt seyen?

In einigen nachfolgenden Verordnungen ward der Untersuchungs-Commission noch besonders aufgegeben, auf den Vermögenszustand der Parcellen-Erbpächter

---

1) Beilage U. S. 112.

zu sehn, ob sie im Stande wären, die Unfälle in der Wirthschaft zu tragen; da, wie der König ausdrücklich sagt, die Erbpacht angeordnet worden, um die Remissionsfälle zu vermeiden. Ferner: zu berichten, ob es rathsam sey, die Zergliederung und Erbverpachtung auch mit den übrigen Domainen fortzusetzen, oder bey diesen die Zeitpacht beizubehalten [1]).

Die Commission bereisete die zergliederten Kurmärkischen, Magdeburgischen, und Halberstädtschen, Aemter. Die Berichte derselben fielen großen Theils nachtheilig für die Lubensche Operation aus: viele Parcellen-Erbpächter bezahlten den Canon nicht richtig, und angewandte Zwangsmittel richteten dieselben zu Grunde; sie hielten zu wenig Vieh, weshalb die Aecker schlecht gedüngt wären, und in Verfall kämen; wenig fremde Familien wären ins Land gezogen worden, und die Bevölkerung habe noch nicht zugenommen; die geringen Vortheile der neuen Einrichtung beständen blos in den ansehnlichen Kapitalien, welche theils aus den Erbstandsgeldern, theils aus dem Dienstgelde, züsammengekommen wären, wofür mehrere verpfändete Domainengüter eingelöset werden könnten; — und darin, daß vieles, bisher unbenutzte, und bey den Zeitpachtungen nicht veranschlagte, Land, nun in Anschlag gebracht, und verkauft worden sey [2]).

---

1) Beilage W. S. 115. Vergl. S. 29.
2) S. 33.

Gegen dieses nachtheilige Resultat wußte sich der gewandte Luben geschickt zu vertheidigen. Hauptsächlich machte er die beiden angegebenen vortheilhaften Umstände geltend, und stellte sie in so starkes Licht, daß die Nachtheile verdunkelt wurden. Die Bedenklichkeiten und Einwürfe, die dem Könige gegen die Operation eingereicht wurden, und die ihm der König mittheilte, beantwortete er mit groben und beissenden Repliken. Er wehklagte, daß, wenn ein treuer Unterthan dem Landesherrn etwas Gutes vorschlage, alle Mahl so viele Widersprecher aufständen! Er schwärzte sogar die Finanz Beamten und Collegia bey dem Könige an, und stellte sie als eigennützig und übelgesinnt vor [1]). Völlig von diesem Manne befangen, ließ der König die Methode der Domainenbenutzung bis zum Jahre 1710 fortsetzen [2]); um so mehr, da eine zweite Commission, angeordnet im Herbste 1703 zur Revision der Acten und Protokolle der ersten, und zur nochmahligen Untersuchung

---

1) Beilage X. S. 116. ff.

2) Befehl vom 11. März 1704, Beilage Ff. S. 137. — Patent, wie die Domainen-Aemter und Vorwerker in Erbpacht zu setzen. Vom 26. März 1704, bey Mylius, a. a. O. S. 147.

Edict vom Erbpacht und dessen Einrichtung. Vom 28. Febr. 1705. Ebendas. S. 151.

Patent, daß denen, so in Erbpacht treten wollen, billige Conditiones gemacht werden sollen. Vom 13. May 1710. Ebendas. S. 161.

der Operation [1]), einen günstigern Bericht einreichte [2]). Es ward blos verboten, die Parcellen weiter zu zerstückeln, und kleine Theile davon zu vererben oder auf Unterpacht auszuthun, wie es bereits einige Mahl geschehen war. Ueberall wußte Luben ein ansehnliches Plus gegen die vorige Benutzungsmethode zu berechnen; z. B., der Angabe nach, aus den Kurmärkischen Vorwerken über 20,000 Rthlr., aus den Magdeburgischen beinahe 24,000, aus den Halberstädtschen 8700, aus den Pommerschen 3000, aus den Neumärkischen 9800 [3]). Der König gewährte ihm 1705 eine Belohnung von 8000 Rthlr. [4])

Im Jahre 1710 reisete der Zergliederer in die Westphälischen Provinzen Cleve und Mark, um auch da die neue Einrichtung zu treffen. Diese Abwesenheit machte den Gegnern der Sache Muth; es gelang ihnen, den König umzustimmen. Luben erfuhr dieses. Er suchte sich in einem dringenden Schreiben an den König zu rechtfertigen [5]). Vergebens. Daher kam auch der Abbau und die Erbverpachtung der Westphälischen Domainenländereyen nicht zu Stande.

Hauptpersonen bey der Contre-Revolution in

1) Hist. Beiträge, Beilage Ee. S. 136.
2) S. 39.
3) Beilagen Ll. S. 146—148., und Mm. S. 149.
4) Anweisung an den geheimen Kriegsrath von Kraut, v. 7. Jan. 1705, in der Beilage Kk. S. 145.
5) Beilage Xx. S. 170—172.

der Domainenbenutzung waren der geheime Staatsrath und Kurmärkische Kammerpräsident von Kamecke, und der Vice-Kammerpräsident von Görne. Der erstere übergab dem Könige ein sehr bescheiden und gemässigt abgefaßtes Gutachten über Erb- und Zeit-Pacht, dessen wesentlicher Inhalt folgender war [1]).

1) Domainen seyen unveräusserlich; die Zergliederung und Erbverpachtung aber sey eine Art von Veräusserung; also sey der Nachfolger in der Regierung nicht daran gebunden. Aber welche Verwirrung, welche Unruhen, wenn der folgende Regent wirklich die Domainenländereyen zurückforderte!

2) Da die Parcellenbesitzer mit ihren Stücken, als mit Eigenthume, schalten können, so müßten die Parcellen nach und nach mit andern Grundstücken vermengt werden, dadurch könnte endlich manches für den Staat verloren gehn.

3) Das angebliche Plus des Luben sey eine bloße Berechnung auf dem Papiere. In der Wirklichkeit werde die Sache ganz anders befunden; da ergebe sich meistentheils ein Minus gegen die Zeitpacht. Z. B. in Pommern hätten die Aemter in dem letzten Jahre der Zeitpacht von Trinitatis 1705 bis dahin 1706 wirklich

1) Beilage Aaa. S. 174, nebst dem Extracte aus einigen Domainenrechnungen, S. 178.

zur Casse eingetragen: 67,698 Rthlr., in dem letzten Jahre der Erbpacht aber, von Trinitatis 1709 bis dahin 1710, nur 56,036 Rthlr.; also 11,662 Rthlr. weniger.

4) Den Erbpächtern werde ebenfalls Remission gegeben werden müssen, da viele arme Leute darunter seyen.

5) Fremde Familien seyen fast gar nicht in das Land gezogen worden. In Pommern gar keine; in der Mark blos fünf, wovon aber zwei wieder fortgezogen seyen.

6) Der Etat sey, an Statt, der Erwartung zufolge, fester zu werden, viel zerrütteter und schwankender geworden, da bey weitem nicht Alles eingekommen sey, worauf man Rechnung gemacht habe. Ueberdies hätten die Urheber und Vollzieher der Parcellen-Erbverpachtung, um die Erbpächter zu gewinnen, sich zu einem hohen Canon zu verstehn, viele Immunitäten versprochen, z. B. Accise- und Zoll-Freiheit, Forst-Nutzungen, wodurch andern Staatskassen beträchtliche Einkünfte entzogen würden, und mithin der Etat zerrüttet werden müsse.

Wirklich hatte der Obermarschall, Graf von Wittgenstein, sehr schlecht gewirthschaftet. Da die, von den Parcellen angesetzten, ansehnlichen Einkünfte, bey weitem nicht alle einliefen, aber gewisse Ausgaben schon darauf angewiesen waren; da sogar, auf die ange-

angegebene Veranlassung, in andern Kassen Ausfälle entstanden: so hatte er, um dringende Ausgaben zu bestreiten, bald auf diese, bald auf jene Kasse, Anweisungen ertheilt, wodurch die meisten Etats in große Unordnung kamen.

Der König erfuhr endlich die große Verwirrung in der Staatswirthschaft, und verabschiedete die beiden Lubenschen Beschützer, den Oberkämmerer Grafen von Wartenberg, und den Obermarschall Grafen von Witgenstein [1]). Das Kameckensche Gutachten, und die Rechnungszerrüttung, nebst dem allgemeinen Widerwillen gegen die Erbpacht, bewogen endlich den König im J. 1711 zu dem Befehle an alle Kammern:

> Die Domainenstücke zusammen zu ziehn, die Vorwerke wieder herzustellen, und die Zeitpacht wieder einzuführen.

Blos die Mühlen sollten vor der Hand in Erbpacht gelassen werden. Nun wurden also, mit gleicher Härte, die Erbpächter aus ihrer Erbpacht gestoßen, wie zehn Jahre vorher die Zeitpächter aus ihrer Zeitpacht. Um jene zufrieden zu stellen, sollten sie bei den Zeitpachtungen möglichst den Vorzug haben; daher waren auch die meisten der ersten Zeitpächter vormahlige Parcellen-Erbpächter; aber frei-

---

1) S. 48.

lich gelangten nicht umgekehrt die meisten bisherigen Erbpächter zur Generalpachtung eines Amts. Zur Rückzahlung der Erbstandsgelder sollten allenfalls die Cautionsgelder der neuen Zeitpächter angewandt werden!! Der oben angeführte Herr von Görne, seit 1711 Hofstaatsrath, arbeitete die besondern Etats der, in Zeitpacht gesetzten, Aemter aus, und traf in den Provinzen die Anordnungen zur Legung der Erbpachthöfe, und zur Umänderung der Parcellen-Erbpacht in General-Zeitpacht. Im Sommer 1711 nahm die neue Einrichtung schon den Anfang in einigen Aemtern; mit den übrigen fuhr man in den nächsten Jahren fort. Die meisten Verpachtungen geschahn auf 6 Jahre; einige auf 3, 9, 12; nach der Wahl der Pächter [1]).

Friedrich Wilhelm der Erste setzte dies fort, und ließ alle Erbpachtstücke, die sich noch vorfanden, in Zeitpachtungen verwandeln. Auch erklärte er 1713 alle Chatoulgüter zu Domainengütern, und verordnete die strenge Unveräusserlichkeit der Domainen [2]); doch mit Vorbehalte des Umtausches von Domainengütern gegen andere gleich einträgliche Güter. Zufolge eines wiederholten Befehls, überall die Zeitpachtung einzuführen, mußten auch die Mühlen in Zeitpacht

1) S. 47. 48.

2) Edikt von der Inalienabilität der alten und neuen Domainengüter. Vom 13. Aug. 1713. Bey Mylius, a. a. O. S. 161.

gesetzt werden [1]). In den Jahren 1717 und 1718 liefen fast von allen Kammern Berichte ein, daß die meisten Erbpachtungen in Zeitpacht umgesetzt, und nur wenige noch übrig wären [2]). Zur Rückzahlung der Erbstandsgelder mußte ein großes Capital aufgewandt werden. Manche von den bisherigen Erbpächtern verlangten Meliorationsgelder; welcher Forderung man aber auszuweichen suchte.

Um diese Zeit erschien eine kleine Druckschrift, deren Inhalt einer kurzen Erwähnung nicht unwürdig ist [3]). Der ungenannte Verfasser beurtheilt und verwirft die Zergliederung und Erbpacht. Daß er nicht von Erbverpachtung ganzer Aemter, sondern bloßer Parcellen, spricht, geht aus folgenden Aeusserungen hervor: »Entweder der Erbpächter ist ein »Anspänner, oder ein Hintersattler, oder ein Cossate; »ist das erste, so wird es ihm wenig helfen, wenn »er gleich einen, zwey, oder drey, Morgen »Acker in Erbpacht genommen hätte« [4]); und: »ein Landesherr sollte seine Domainen nicht so elen-

1) Instruction für die Kammern vom 30. Januar 1717. Th. III. B. I. Beilage M. S. 128. §. 7, der hist. Beiträge.

2) Th. III. B. I. S. 24. 25.

3) Unterthänigstes unmaßgebliches Bedenken von dem Erb- und Zeit-Pacht ꝛc. Auf gnädigsten Befehl von einem gewissen verpflichteten Diener an seinen Landesherrn abgestattet. Auf Kosten guter Freunde. Gedruckt i. J. 1717. Ohne Druckort. 4.

4) S. 25.

»diglich zerzerren und zerreissen lassen, daß in »Hundert Jahren Niemand mehr wissen könne, was »Domainen- oder Bauer-Güter gewesen seyen.« [1]). Aus allen Umständen ergiebt sich, daß der Verfasser dieses Gutachten zu der Zeit aufgesetzt hat, als die Parcellen-Erbpacht in Zeitpacht verwandelt wurde, und daß unter dem Landesherrn, dem es übergeben worden, der König Friedrich I. zu verstehn ist. Wenn der Landesherr immer angeredet wird: »Ew. Hochfürstliche Durchlaucht:« so ist dieses vermuthlich, um die Localität zu verstecken, da die Gewaltstreiche und Rechtsverletzungen nicht unberührt bleiben konnten. Folgende Stellen begründen die Behauptung, daß von den Preussisch-Brandenburgischen Domainen-Operationen unter Friedrich I. die Rede sey. Der Verfasser spricht immer von der kürzlich wieder aufgehobenen Erbpacht, führt an, daß viele Minister und Räthe dagegen gewesen seyen [2]), erwähnt die Amtskammern und die geheime Hofkammer [3]), spricht von Aufsätzen, die zu Gunsten der Erbpacht bei der geheimen Hofkammer bisher eingereicht, und von dieser ihm mitgetheilt worden. Dazu kommen die Erwähnung des Befehls, bey Strafe nichts gegen die Erbpacht zu reden oder zu schreiben [4]), die Erwäh-

1) S. 20.
2) S. 5. 6.
3) S. 6. 51. 52
4) S. 2.

nung zweier vornehmen Minister, welche damals mächtig gewesen wären, und die Erbpacht begünstigt hätten [1]), (Grafen von Wartenberg und von Wittgenstein) und die Stelle: »Ew. Hochfürstlichen »Durchlaucht, als ein in aller Welt so berühmter, »hochgerechter und großmüthiger, Fürst, welche nach »Ihrem glorreichen Wahlspruche nicht wollen, »daß Jemand Unrecht geschehe« [2]). Unverhohlen spricht der Verfasser von den mehrfachen großen Bedrückungen und Mißbräuchen, die bey der Verwandlung der Erb- in Zeitpacht vorgefallen wären: man habe die Erbpächter, ihrer bündigen und landesherrlich bestätigten, Contracte ungeachtet, aus der Erbpacht gestoßen; die meisten hätten ihre Erbstandsgelder eingebüßt [3]); häufig sey der Befehl, die Erbpacht in Zeitpacht zu verwandeln, durch Männer vollzogen worden, die für die erstere eingenommen gewesen wären, daher sie die letztere absichtlich unter so drückenden Bedingungen eingerichtet hätten, daß sie nicht lange Bestand haben könne, und man bald wieder zur Erbpacht werde schreiten müssen [4]). Daher würden die neuen Zeitpächter denken: »hat die »ewige Erbpacht nur so wenige Jahre gewährt, und »ist Hand und Siegel des Fürsten nicht gehalten

---

1) S. 53.
2) S. 56.
3) Letzte S. des Supplements.
4) S. 51. 52. 56. 57.

»worden, so kann unmöglich die Zeitpacht lange be»stehn; da wird vielleicht bald wieder Administra»tion kommen.«

Vorsichtiger und wohlthätiger verfuhr der große Enkel dieses Fürsten. So sehr Friedrich II. nach dem verderblichen siebenjährigen Kriege auf die Vermehrung der Volkszahl sein Augenmerk richtete; so eifrig er in dieser Hinsicht vorzüglich für solche Provinzen sorgte, die sich am wenigsten durch sich selbst aufhelfen konnten; und so augenscheinlich die Vertheilung der Domainengrundstücke das geschwindeste und leichteste Mittel gewesen wäre, eine Menge neuer Wirthschaften einzurichten, — ein Mittel, das um dieselbe Zeit von der Dänischen Regierung im Großen angewandt wurde: so entschloß sich der weit und tief denkende Staatsmann doch nie zur Veräusserung ganzer Domainen-Aemter. Blos einzelne Vorwerke überließ er an Privatpersonen; theils im Ganzen an bemittelte Familien, auf Erbpacht, theils in Parcellen an Bauern; und zwar meistentheils in Gegenden, wo entweder die Bevölkerung überhaupt sehr gering war, oder wo gewisse örtliche Umstände eine stärkere Menschenzahl nothwendig machten. Die Summe der, von ihm entweder ungetheilt in Erbpacht gegebnen, oder parcellirten, Vorwerke in allen Provinzen, steigt auf vierhundert [1]) Was insbesondere die parcellirten be-

---

1) Ewald Friedrichs von Herzberg, (Preuß. Staats- und Cabinetsministers) Abhandlung über die Bevölkerung der

trifft, von denen allein die Rede hier seyn kann, so sind deren unter andern im Herzogthum Magdeburg 10, mit 125 neuen Familien; in der Kurmark 21, die mit 179 Familien besetzt worden sind; in der Neumark 17, mit 134 neuen Familien; in Pommern 33, mit 273 Familien. Da die Beförderung der Bevölkerung nicht Gegenstand dieser Ausführung ist, so werden hier die vielen Colonisten-Etablissements übergangen, welche Friedrich II. durch Urbarmachung von Bruch-Gegenden, durch Rodungen in Haiden, und durch Abschlagung einzelner Domainen-Stücke, veranstaltet hat. Blos von wirklich und gänzlich zergliederten Vorwerken, und von eigentlichen Parcellisten, ist die Rede.

Der Verfasser begnügt sich, eine tabellarische Uebersicht davon zu entwerfen.

Staaten überhaupt, und besonders des Preussischen. Vorgelesen in der Versammlung der Acad. der Wiss. zu Berlin, am 27. Januar 1785. Aus dem Franz. übers. — S. 14.

Im Herzogthum Magdeburg.

	Jahr des Abbaues.	Name des Vorwerks.	Name des Amts.	Zahl der angesetzten Bauern.	Unter schon ansäßige Bauern vertheilt.	Nach Heineccius.*)
1.	1763.	Dretzen.	Ziesar.	8.	—	S.312.
2.	1763.	Schopsdorf.	Ziesar.	16.	—	— 325.
3.	1763.	Steinberg.	Ziesar.	14.	—	— 327.
4.	1766.	Grebs.	Ziesar.	—	Bauern zu Glienecke	— 316.
5.	1772.	Niedleben.	Giebichenstein.	8.	—	— 405.
6.	1773.	Klietz.	Sandau.	—	Bauern daselbst.	— 273.
7.	1774.	Groß-Mangelsdorf.	Jerichow.	7.	—	— 269.
8.	1779.	Barleben.	Wolmirstädt.	52.	—	— 180.
9.		Hemsdorf.	Dreileben.	20.	—	— 154.
10.		Wulkow.	Sandau.	—	Bauern daselbst.	— 301.
				125.		

*) Heineccius Ausführliche topographische Beschreibung des Herzogthums Magdeburg rc. Berlin, Decker, 1785. 4.

In der Kurmark. *)

	Jahr des Abbaues.	Name des Vorwerks.	Name des Amtes.	Zahl der angesetzten Familien. Vollbauern.	Halbbauern.	Cossäthen.	Büdner.
1.	—	Rathsdorf.	Wrietzen.	—	—	—	21.
2.	1763.	Althüttendorf.	Chorin.	5.	—	—	—
3.	—	Schmargendorf.		7.	—	4.	—
4.	—	Glienecke.	Cöpnick.	8.	—	4.	—
5.	—	Bohnsdorf.		2.	—	4.	—
6.	—	Michel.	Saarmund.	11.	—	1.	—
7.	—	Niebel.		4.	—	—	—
8.	—	Rieben.		4.	—	—	—
9.	—	Wittbrietzen.		16.	—	—	—
10.	1764.	Klobbicke.	Biesenthal.	6.	—	—	—
11.	—	Tuchen.		5.	—	—	—
12.	—	Marzahn.	Cöpnick.	14.	—	6.	—
13.	—	Wegendorf.	Landsberg.	4.	—	—	—
14.	1765.	Petershagen.		10.	—	—	—
15.	—	Eggersdorf.		7.	—	—	—
16.	—	Luckstädt.	Arendsee.	5.	—	—	—
17.	—	Zehlendorf.	Friedrichsthal.	4.	3.	—	—
18.	—	Melsow.	Gramzow.	—	—	7.	—
19.	1766.	Schöneberg.	Mühlenhof.	3.	—		—
20.	1769.	Borgstorf.	Bötzow.	6.	—		—
21.	1771.	Müllrose.	Biegen.	8.	—		—
				129.	3.	26.	21.

Summe 179.

*) Die Materialien sind genommen aus v. Borgstede Statistisch-topographischer Beschreibung der Kurmark Brandenburg, Th. I. S. 306. 317—320.

In der Neumark. *)

	Jahr des Abbaues.	Name des Vorwerks.	Name des Amts.	Zahl der angesetzten Bauern.	Anmerkungen.
1	1750	Friedrichsberg.	Himmelstädt.	18	
2	1752	Laatzig.	Sabin.	11	Das Vorwerk ist einem Ober-Amtmann Grapow unter der Bedingung überlassen, die Grundstücke unter den Schulzen und 10 Bauern zu vertheilen, und dieselben neu anzusetzen.
3	1763	Guthsdorf.	Balster.	7	Polnische Colonisten, nämlich ein Freyschulze mit $4\frac{1}{2}$ Magd. Hufen, fünf Bauern, jeder mit 4 Hufen, ein Bauer mit 1 Hufe.
4	1763	Neu-Carbe.	Driesen.	17	Polnische Colonisten, jeder mit 31 Magd. Morgen, 101 □R. Acker und 13 M. 99 □R. Wiesenlande.
5	1763	Marienland.	Driesen.	7	Polnische Colonisten.
6	1763	Voigtey.	Driesen.	3	Desgleichen.
7	1764	Schönfeld	Sabin.	4	Polnische Colonisten: 1 Freyschulze mit 9 Hufen, drey Bauern, jeder mit 3 Hufen.
8	1764	Neuhoff.	Sabin.	13	Ausländische Colonisten: 2 Freyschulzen und 1 Frey-

*) Die Materialien dieser Tabelle sind größtentheils aus der Registratur der Neumärkschen Kriegs- und Domainen-Kammer zu Cüstrin; bloß von den beiden ersten, vor dem Jahre 1758 abgebaueten, Vorwerken, von denen die Akten bei der Verwüstung Cüstrins im genannten Jahre mit verbrannt sind, hat sich der Verfasser die Notizen mittelbar durch Correspondenz mit den Domainenbeamten verschafft.

	Jahr des Abbaues.	Name des Vorwerkes.	Name des Amtes.	Zahl der angesetzten Bauern.	Anmerkungen.
					krüger, jeder mit 370 M. M. Ackerlande, und 14 M. 42 □R. Wiesewachs, ferner 9 Bauern, jeder mit 126 M. Ackerlande, und 4 M. 134 □R. Wiesewachs; endlich ein Müller mit 60 M. M. Ackerlande und 2 M. 147 □R. Wiesewachs.
9	1764	Herzberg.	Sabin.	16	Ausländische Colonisten, unter welche die Vorwerksländereyen so vertheilt worden sind, daß der Freyschulze 414 M. Ackerland, und 19 M. Wiesewachs, nebst den Vorwerks-Gebäuden, jeder von den 15 Bauern aber 126 M. Ackerland, und 5 M. Wiesewachs erhalten hat.
10	1764	Stöven und Friedrichshoff.	Sabin.	7	Colonisten: ein Freyschulze mit 6 Hufen und den Vorwerks-Gebäuden, ein andrer mit 5 Hufen, 4 Bauern, jeder mit 2 Hufen. — Das Neben-Vorwerk Friedrichshoff mit 6 Hufen ist einer Colonistenfamilie ungetheilt überlassen worden.
11	1764	Groß-Sabin.	Sabin.	8	Colonisten: ein Freyschulze mit 6 Hufen, 7 Bauern, jeder mit 2 Hufen. Dem Dorfschulzen ist eine Hufe zugelegt worden.
12	1764	Klein-Sabin.	Sabin.	1	Blos ein Freyschulzenhof von 5 Hufen ist angelegt worden, die übrigen Grundstücke sind unter 3 Bauern, 3 Cossaten und 2 Freyleute im Dorfe, vertheilt worden, um diese

	Jahr des Abbaues.	Name des Vorwerks.	Name des Amts.	Zahl der angesetzten Bauern.	Anmerkungen.
					den übrigen gleich zu machen.
13	1764	Jägersburg.	Marienwalde.	14	Colonisten, jeder mit 69 M. M.
14	1764	Hochzeit.	Marienwalde.	7	Colonisten, jeder mit 45 M. Ackerlande, ½ M. Gartenlande, 1 M. zur Weidekoppel, und einem Antheile an den Lemmersdorfschen Wiesen.
15	1775	Görlsdorf	Görlsdorf	1	Die Familie des Erbpächters Rumland hat die Ritterhufen nebst den Vorwerksgebäuden erhalten, die übrigen Grundstücke des Vorwerks sind unter die bisherigen 9 Bauern und 12 Cossaten des Dorfs vertheilt worden.
16	1778	Schwirze.	Crossen.	—	Vertheilt unter die Bauern zu Preichow auf Erbpacht.
17	1784	Guntersberg.	Crossen.	—	Vertheilt unter die Büdner daselbst, deren 34 sind, ebenfalls auf Erbpacht.

In Pommern.

	Jahr des Abbaues.	Name des Vorwerks.	Name des Amts.	Theil von Pommern.	Zahl der angesetzten Bauern.	Nach Brüggemann. *)
1.	1750	Cölln.	Clempenow.	V. P.	4.	I.30.93.
2.	1751	Bansin.	Pudagla.	V. P.	6.	I. 246.
3.	—	Sallentin.	Pudagla.	V. P.	4.	I, 251.
4.	1752	Brünken.	Colbatz.	H. P.	4.	II. 107.
5.	1755	Glewitz.	Naugard.	H. P.	6.	II. 297.
6.	—	Görke.	Stolpe.	V. P.	8.	I. 23.
7.	1764	Postelow.	Stolpe.	V. P.	7.	I. 24.
8.	—	Wussentin.	Stolpe.	V. P.	15.	I.25.26.
9.	—	Breest.	Clempenow.	V. P.	8.	I. 28.
10.	—	Brüsewitz.	Marienfließ.	H. P.	12.	II. 237.
11.	—	Piassen.	Bütow.	H. P.	4.	II.1057.
12.	1765	Sandförde.	Torgelow.	V. P.	12.	I. 44.
13.	—	Hammer.	Jasenitz.	V. P.	30.	I. 206.
14.	1766	Neuhof.	Draheim.	H. P.	8.	II. 731.
15.	1767	Rothemühle.	Torgelow.	V. P.	21.	I. 44.
16.	1771	Jeseritz.	Colbatz.	H. P.	16.	II. 111.
17.	—	Johannshof.	Colbatz.	H. P.	6.	II. 112.
18.	—	Wolchow.	Naugard.	H. P.	4.	II. 300.
19.	—	Woltersdorf.	Colbatz.	H. P.	6.	II. 118.
20.	—	Alt=Belz.	Cößlin.	H. P.	6.	II. 534.
21.	1773	Groß=Leistikow.	Naugard.	H. P.	6.	II. 298.
22.	—	Hohenfelde.	Lauenburg.	H. P.	12.	II.1050.
23.	1776	Retztow.	Naugard.	H. P.	8.	II. 298.
24.		Trechel.	Naugard.	H. P.	5.	II. 300.
25.		Zicker.	Naugard.	H. P.	7.	II. 301.
26.		Vorst.	Bublitz	H. P.	4.	II. 542.
27.		Persanzig.	Neu=Stettin.	H. P.	14.	II. 721.
28.	?	Cubliz.	Stolpe.	H. P.	4.	II. 931.
29.		Damerow.	Stolpe.	H. P.	4.	II. 931.
30.		Mellin.	Stolpe.	H. P.	7.	II. 932.
31.		Borntuchen.	Bütow.	H. P.	2.	II.1054.
32.		Damesdorf.	Bütow.	H. P.	5	II.1055.
33.		Sonnenwalde.	Bütow.	H. P.	8.	II.1059.

*) Brüggemanns Ausführliche Beschreibung des gegenwärtigen Zustandes des Königl. Preuß. Herzogthums Vor- und Hinter-Pommern

Unter Friedrich Wilhelms II. Regierung sind in den Jahren 1793 und 1794 drey königliche Vorwerksdörfer im Ober-Oderbruche abgebauet, und die Parcellen in Erbpacht ausgethan, worden: Wilhelmsaue im Amte Wollup, und Solikante und Posedin im damahligen Kurmärkischen, jetzigen Neumärkischen, Amte Zellin [1]). Das Oderbruch ist eine urbar gemachte Niederung an der linken Seite der Oder, unterhalb Frankfurts; der obere Theil liegt weiter oben am Flusse, näher an Frankfurt, der niedere weiter unten. Der Prediger und geistliche Inspektor zu Wrietzen an der Oder, und nachherige Kammerrath, Nöldechen, brachte einige Jahre vorher das Zergliederungswesen wieder in Anregung, und schlug dem Finanzminister von Voß den Abbau der sehr bedeutenden Domainen-Aemter im Ober-Oderbruche vor. Der Hauptgrund, der anderwärts zu dieser Maßregel am meisten bewogen hat: Vermehrung der Bevölkerung, konnte hier nicht Statt finden, da in diesem fruchtbaren Striche Landes die Bevölkerung so stark ist, wie in wenigen Gegenden der Preußischen Monarchie, in denen die Landwirth-

---

1) Oekonomische und staatswirthschaftliche Briefe über das Nieder-Oderbruch, und den Abbau oder die Vertheilung der königlichen Aemter und Vorwerke im hohen Oderbruche. Von F. W. Nöldechen, königl. Preuß. Kammerrathe. Berlin, Nicolai, 1800.

schaft der einzige Erwerbzweig ist. Z. B. in dem Dorfe Letschin, im Amte Wollup, wohnen 1400 Menschen auf 13000 Magdeburger Morgen Landes [1]); da nun 22,222 M. M. eine Deutsche Quadratmeile ausmachen: so ist dieses eine Bevölkerung von 2393 Menschen auf Einer Quadratmeile. Sogar im Magdeburgischen, wo doch 2900, und im Halberstädtschen, wo 3700 Menschen auf eine Quadratmeile kommen, hält der Urheber des Vorschlags die Ausführung desselben für rathsam [2]). Warum nicht lieber in Pommern und der Neumark, wo die Bevölkerung um mehr als die Hälfte geringer ist?

In jenen drey Dörfern vollzog der Urheber des Plans den Abbau mit Genehmigung sowohl des obengenannten Departementsministers, als der Kurmärkischen Kriegs- und Domainen-Kammer, und beauftragt von dem erstern. Auf 3618 M. M. 13 □R., dem Areal der drey bei einander liegenden Vorwerke, wurden angesetzt 107 Familien; einige mit vielem, andere mit wenigem, Lande [3]). Darunter befand sich ein sogenannter General-Erbpächter, der von allen das meiste Land, nämlich 578 M. M. 13 □R., erhielt, und dem überdies die 39 Büdnerfamilien, die sich unter den Parcellen-Erbpächtern befinden, jede mit 3 M. M. Landes, im Erndte-

1) S. 82.
2) S. 75.
3) S. 98. 99.

Vierteljahre einige Handdienst-Tage zu leisten verpflichtet sind. Dafür hat der General-Erbpächter die Hebung der Gefälle von den übrigen Parcellisten, muß für deren Richtigkeit und Pünktlichkeit haften, darf keine Reste aufführen, muß sich also bisweilen zu ansehnlichen Vorschüssen verstehn, und ist mithin nicht Rendant, sondern wirklicher Pächter der Gefälle. Auch hat er die Verpflichtung übernehmen müssen, wenn die Büdnerfamilien, die ihm dienstbar gemacht worden, verarmen, und ihre Häuser nicht in baulichem Stande erhalten können, sich ins Mittel zu schlagen. Er verwaltet ferner die Localpolizey, unter andern die Armen- Schul- und Feuersocietäts-Geschäfte; dann die Civilgerichtsbarkeit, wozu er einen Justitiarius hält; endlich besorgt er durch eben denselben die Inquisition in Criminalprozessen, und bestreitet die Kosten [1]).

Eine wesentliche, den Parcellisten gemachte, Bedingung, ist die verhältnißmäßige Erhöhung des Canons, so oft die Anschlagsgrundsätze für die Zeitpachtungen in der Provinz erhöht werden [2]). Dadurch ist die Domainenkasse nicht nur für die Zukunft gedeckt, sondern es hat sich auch jetzt schon eine Mehr-Einnahme ergeben. Der bisherige reine Ertrag der drey Vorwerke durch Zeitpacht war

4077

1) S. 105. 106. 134.
2) S. 96.

4077 Rthlr.; der nachherige 5175 Rthlr., also ein jährlicher Ueberschuß von 1098 Rthlr. [1]).

Auch mit den Domainen-Aemtern Kienitz und Friedrichsaue sollte die Zergliederung i. J. 1796 vorgenommen werden. Aber es erhob sich von vielen Seiten so starker Widerspruch, auch die Kurmärkische Kammer machte so nachdrückliche Gegenvorstellungen, daß es nicht zur Ausführung kam, obgleich der König Friedrich Wilhelm II. die Sache schon genehmigt hatte [2]).

In derselben Gegend sind unter Friedrich Wilhelms III. Regierung in den Jahren 1803 bis 1805 einige Zergliederungen vorgenommen worden. Von dem Amte Zellin wurden drey Dörfer, Mehrin, Graben, und Gieshoff, abgenommen, und die Ländereyen derselben größtentheils zergliedert, blos mit Vorbehalt von 200 Morgen.

Der vertheilte Flächen-Inhalt beträgt 2177 M. M., auf welchen jetzt 15 neue Wirthschaften eingerichtet sind, nämlich:

1	Familie mit	400 Mm.,	macht	400 Mm.
6	Familien, jede mit	200 —	—	1200 —
2	— — —	150 —	—	300 —
2	— — —	100 —	—	200 —
1	— — —	65 —	—	65 —

1) S. 128.
2) S. 145. ff.

1 (der Müller)	5 Mm., macht		5 Mm.	
1 (der Schmidt)	4 —	—	4 —	
1 (der Krüger)	3 —	—	3 —	
15			2177	

Die Parcellen sind den Bauern auf Erbpacht gegeben worden. Die Summe der Erbstandsgelder, durch Licitation erreicht, belief sich auf 64000 Rthlr. Was die jetzige Nutzung betrift, so übersteigt dieselbe allerdings um Vieles die vorige durch Zeitpacht; sie ist beinah noch einmal so hoch. Der Zeitpächter gab bisher für jeden Morgen nicht mehr, als 1 Rthlr. 8 Gr.; die Parcellisten geben 2 Rthlr. 9 Gr. 1 Pf.; und haben sich überdies zur Unterhaltung der Oder-Dämme, und zur Bezahlung des Ruthengeldes, verbindlich gemacht, welches sonst aus der landesherrlichen Kasse bestritten werden mußte [1]).

Von dem Amte Wollup wurden 1700 Morgen, und von Friedrichsaue etwa 750, abgeschlagen, und in Parcellen-Erbpacht gethan, unter folgenden Bedingungen.

1) Das Erbstandsgeld ward durch Licitation bestimmt.

2) Der jährliche Canon ist zunächst auf 3 Rthlr. 12 Gr. festgesetzt, soll aber erhöht werden, so oft die Roggenpreise der Provinz steigen. Es wird nämlich alle zwölf Jahre eine Revision

---

1) Aus handschriftlichen Nachrichten

des Canons vorgenommen. Von den, in den letzten zwölf Jahren in der Kreisstadt Frankfurt an der Oder bemerkten, Martini-Marktpreisen des Roggens, wird der Durchschnittspreis genommen, und mit dem zwölfjährigen Durchschnittspreise der vorletzten Periode verglichen. Wird jener höher befunden, als dieser, so soll der Canon um die Hälfte der gefundnen Mehrzahl erhöht werden. Zum Vortheile der Erwerber soll jedoch die erste Revision erst nach Verlaufe von achtzehn Jahren Statt haben.

3) Jeder Parcellist muß sich binnen zwei Jahren auf eigene Kosten angebauet haben; daß Wohnhaus muß massiv seyn. Die Gebäude müssen nach ihrem wahren Werthe bei der Landfeuersocietät versichert werden.

4) Jede Colonie muß von der benachbarten auf eigene Kosten durch Gräben abgesondert werden.

5) Theilungen der Colonie sind nicht erlaubt; blos Tagelöhnerstellen dürfen angelegt, und erblich ausgethan werden, doch auf Kosten der Parcellisten.

6) Kein Colon darf zwei Loose erwerben.

7) Die Colonen sind dem Mühlenzwange des Amts unterworfen, und gewissen Mühlen zugelegt.

8) Sie haben die Jagdgerechtigkeit auf ihren Grundstücken, gegen einen Zins [1]).

---

1) Dismembrations-Akten.

In der Neumark ward im Jahre 1804 die Zergliederung des Vorwerks Lotzen im Amte Himmelstädt, beschlossen, auf welchem 819 Magdeburger Morgen unter 7 Bauern vertheilt werden sollten [1]).

---

2) Anspach und Bayreuth.

Unter der wohlwollenden Regierung des letzten Markgrafen, in Anspach seit 1757, in Bayreuth seit 1769, sind die meisten Aemter zerschlagen, und an die Bauern als Erbzinsgüter verkauft worden; doch mit Vorbehalt der Forsten. Bevölkerung und Wohlhabenheit sind dadurch in beiden Provinzen merklich gestiegen [2]).

3) Waldeck.

Daselbst wurde um das Jahr 1755, unter der Regierung des Fürsten Carl August Friedrich († 1763),

---

1) Handschriftliche Nachrichten.

2) a. (von Meyern) Nachrichten von der politischen und ökonomischen Verfassung des Fürstenthums Bayreuth. Gotha, Ettinger, 1780. S. 44.

b. (Dohms) Nachricht von den neuesten Finanz-Einrichtungen in den Fürstenthümern Anspach und Bayreuth, von 1757 bis 1780. Im Deutschen Museum, 1781, St. II. S. 422. ff. Auch in

c. — Schlözers Staats-Anzeigen, Heft III. S. 390.

d. Fischers statistische und topographische Beschreibung des Burggrafthums Nürnberg unterhalb des Gebürgs, oder des Fürstenthums Brandenburg-Anspach. Th. I. S. 200.

eine Meyerey in dem Amte Waldeck abgebauet, und unter 10 Erb-Beständer getheilt, von denen nachher zwei nochmahls getheilt haben; so daß jetzt daselbst acht ganze, und vier halbe, Nahrungen vorhanden sind. Auf demselben Grundstücke, wo vormahls 15 Menschen wohnten, nähren sich jetzt über 90, die bei weitem mehr Vieh halten, und mehr Früchte gewinnen, als der vormahlige Pächter [1]).

4) Hessen-Darmstadt.

In der Wetterau sind seit ungefähr 1773 dreizehn Hessen-Darmstädtsche Domainengüter zergliedert worden. Mit den Geldern, die aus den Ländereyen und den verkauften Gebäuden gelöset wurden, kaufte man neue Güter an, um dieselben auf gleiche Weise zu zerschlagen. Gegen fünfhundert Beständer, mithin so viele kleine Wirthschaften, bestehn seitdem da, wo vorher einige wenige große Pachtungen Statt hatten. Durch diese Einrichtung hatte man zur Absicht, die Nachtheile der kurzen Zeitpacht zu vermeiden, der Remissionsgesuche, und der baulichen Unterhaltung sowohl der herrschaftlichen, als der Gebäude der Unterthanen, überhoben zu seyn, und die Ländereyen in bessern Kulturzustand zu setzen, vorzüglich aber, die Bevölkerung zu vermehren.

---

1) Friedrich Wilhelm Waldek, fürstl. Waldekscher Amtmann, über die Unzertrennlichkeit der Deutschen Bauerngüter. Gießen und Marburg, 1784. S. 244. 245.

Die, aus den Parcellen entstandenen, Bauergüter, führen den Namen Briefgüter, auch Briefgüter-Leihen, lebenslängliche Verleihungen. Die Bedingungen sind folgende.

1) Der mittlere Natural-Ertrag eines Gutes, wie er bisher bey kurzer Zeitpacht erfolgte, wird zum Grunde gelegt, und in angemessenen Theilen auf die Parcellen, hier Stämme oder Loose genannt, vertheilt. Die, auf jedes Loos treffende, Quote, wird davon unverändert als Pacht-Canon, und zwar in Körnern, geleistet, so lange der Beständer lebt. Diese Naturalpacht heißt Briefpacht.

2) Ueberdies wird für jedes Loos noch ein Angeld oder sogenanntes Laudemium gefordert. Die Gemeindeglieder werden zusammengerufen; öffentlich werden dann die einzelne Stämme oder Loose demjenigen auf Lebenszeit zugeschlagen, der das höchste Angeld bietet. Das letztere wird entweder sogleich, oder in gewissen Terminen, bezahlt, und die rückständige Summe verzinset. Man ersteht die Loose entweder für sich und seine Frau, oder für einen Sohn und dessen künftige Frau, oder für eine Tochter und deren künftigen Mann.

3) Ueber das Grundstück wird dem Pachtbesitzer ein Document (Brief) ausgefertigt, worin die

Bedingungen bestimmt sind. Zu denselben gehören besonders: das Grundstück in ökonomischer und rechtlicher Hinsicht durchaus in dem vorgefundenen Zustande zu erhalten; gut zu wirthschaften; mancherley Verbesserungen vorzunehmen; den Natural-Canon gehörig zu leisten; in keinem Falle Remission zu verlangen; und bey nicht erfüllten Pflichten den Stamm bei Lebzeiten zu verlieren, ohne Rückzahlung des Laudemium oder andere Vergütigung.

4) Ausserdem werden die Gebäude, die das bisherige Gut enthielt, noch besonders verkauft.

5) Es entstehen also folgende Einnahmen:

a) Der jährliche Natural-Canon.

b) Das Capital der Laudemien. Da nämlich mit dem Todte des Ehepaars, auf dessen Namen der Brief ausgestellt ist, der Vertrag erloschen ist, und das Loos von neuem ausgethan wird: so erfolgen alsdann jedesmahl die Laudemien. Ungefähr alle 30 Jahre wird dieses bey jeder Parcelle der Fall seyn. Mithin wird die Summe, die alle 30 Jahre ein Mahl erfolgt, in 30 gleiche Theile getheilt, und in dem Etat jedem Jahre ein Dreissigtheil gut geschrieben.

c) Die Zinsen von dem Capital aus den verkauften Gebäuden.

Den Privatgutsbesitzern ist diese Zerstückelung ihrer Ländereyen in Briefgüter nicht erlaubt [1]).

5) Schleswig und Holstein.

In diesen beiden Herzogthümern sind binnen 22 Jahren, von 1765 bis 1787, zwei und funfzig landesherrliche Güter, Vorwerke und grosse Höfe, niedergelegt oder zerlegt, und in freye Bauergüter verwandelt worden; so daß nun der König im Holsteinschen kein einziges Gut mehr, und im Schleswigschen nur wenige noch, besitzt [2]). Der vorzüglichste Beweggrund bey dieser ins Große gehenden Operation war ebenfalls die Vermehrung der Bevölkerung, und zwar dadurch, daß auf jedem Domainengrundstücke die bisherigen Leibeigenen oder wenigstens Dienstpflichtigen nicht nur die völlige Freiheit, sondern auch einen Theil der Ländereyen als Eigenthum, erhielten [3]). Dieser löbliche Zweck ist

1) Martin's, Darmstädtschen Kammerraths, Aufsatz über die Einrichtung der sogenannten Briefgüter im Darmstädtschen. In Beckmanns Beiträgen zur Oekonomie ꝛc. Th. VI. S. 359 ff.

2) Kamphövener's (Dänischen Kammersekretairs) Beschreibung der bereits vollführten Niederlegungen königlicher Domainengüter in den Herzogthümern Schleswig und Holstein. Womit zugleich die Aufhebung der Leibeigenschaft, wo sie Statt gefunden hat, verbunden gewesen ist. Kopenhagen 1787. S. 205. 207.

3) S. 22.

ist auch in hohem Grade erreicht: wo bisher nur etwa 52 Familien gewohnt hatten, da nähren sich nun 776, die sich in den nächsten Generationen noch ansehnlich vermehren werden [1]). Auch die Staats-Einkünfte haben für die Gegenwart dabey gewonnen [2]).

Zuerst wurde die Veräusserung aller königlichen Domainen, sowohl in den Dänischen, als Deutschen, Provinzen, durch zwei Verordnungen vom 15. August 1763, und vom 1. October 1764, aufgegeben; aus dem Grunde, weil der Staat keine seiner Grundstücke mit solchem Vortheile nutzen könne, wie der Privatmann. Blos die drei Aemter Copenhagen, Friedrichsburg, und Cronenburg, wurden ausgenommen. Zufolge einer dritten Verordnung vom 18. October 1764 war die wesentliche Bedingung, unter welcher die Veräusserung geschehen sollte, noch nicht die Zerlegung der Domainengüter, sondern bestand darin: die Güter sollten ungetheilt verkauft werden; aber von den Ländereyen sollte das Kaufgeld nur zur Hälfte, und von den Mühlen nur zum vierten Theile, bezahlt werden; die andere Hälfte, und die übrigen drey Viertheile, sollten auf den Grundstücken und Mühlen als ein unablösliches, mit 4 Procent zu verzinsendes, Kapital, stehn bleiben [3]). Doch ist

1) S. 210.
2) S. 208.
3) S. 17. 18.

die Loskündigung im Jahr 1785 erlaubt worden [1]). Wirklich fing man schon 1764 die Veräusserung auf diese Weise an, und vollzog sie mit sieben Gütern im Amte Hadersleben, und mit einem im Amte Apenrade. Aber die Regierung überzeugte sich bald, daß diese Art der Veräusserung dem Staate sehr nachtheilig werden müsse, da auch die Forstgründe mit darin begriffen waren, und die Käufer nicht gehindert werden konnten, einen großen Theil davon abzuholzen, um ihr Kaufgeld wieder zu erlangen; wodurch der Staat einem empfindlichen Holzmangel ausgesetzt werden mußte [2]). Gleichwohl ist die schädliche Operation mit allen Domainen in den Dänischen Provinzen, iene drei ausgenommen, fortgesetzt worden. Die Forsten sind dadurch größtentheils in die Hände der Privatgutsbesitzer gekommen; eben damit ist die Einführung und beharrliche Befolgung eines guten, auf mehr als hundert Jahre angelegten, Systems der Forstbewirthschaftung, fast unmöglich gemacht, da nicht nur die Privat-Forstbesitzer unter sich unabhängig sind, sondern auch der Wechsel der Gutsherrn so häufig, also kein Interesse an der Erhaltung der Forsten vorhanden ist. Auch für die Bevölkerung ist durch diese Veräusserungs-Methode nichts gewonnen worden [3]).

1) S. 26.
2) S. 21.
3) S. 25—27.

In Schleswig und Holstein hingegen vollzog man, vom Jahre 1765 an, die Veräusserung auf bessere Weise; so daß die Hauptzwecke, Vermehrung der Bevölkerung, und Freiheit und Eigenthum des Bauernstandes, erreicht, und die Forsten beibehalten, worden sind. Die besten Waldungen sind von dem Verkaufe ausgenommen, und zu einer nachhaltigen Bewirthschaftung, in Revieren und Schlägen, unter einer landesherrlichen Administration, eingerichtet worden [1]). Was den jährlichen, von den verkauften Parcellen zu leistenden, Canon, betrifft, so ward derselbe anfänglich durch Licitation bestimmt. Nachher aber wurde eine genaue Bonitirung der Grundstücke vorgenommen, und dieser gemäß ein Canon festgesetzt; blos das Kaufgeld ward durch Licitation bestimmt [2]). Auch in Ansehung der Gebäude verfuhr man in der Folge anders, als im Anfange. Erst wurden sie den Grundstücken zugelegt, waren also mit in dem Kaufschillinge begriffen; nachher aber, und bei den meisten Gütern und Höfen, wurden sie besonders verkauft [3]). In Holstein waren alle Gutsunterthanen Leibeigene, in Schleswig aber nicht. In jener Provinz zahlten sie daher noch ein Loskaufsgeld, welches in dieser wegfiel [4]).

---

1) S. 25. 209.
2) S. 2. 23.
3) S. 3. 4.
4) S. 4. 16.

6) Böhmen.

Alle Böhmische Domainengüter sind im Jahr 1776 zergliedert, und in Bauergüter verwandelt worden [1]). Auch hier war die Vermehrung der Volkszahl auf dem Lande der vorzüglichste Beweggrund [2]); und wie diese überall eine zuverlässige Folge der Operation ist, so auch in Böhmen: viele hundert neue Familien sind dadurch entstanden [3]); blos in der Herrschaft Podiebrad, im Königgrätzer Kreise, Bitschower Antheils, sind zwölf neue Dörfer erbauet worden [4]). Nicht durch fremde Colonisten hat man die Absicht erreicht, sondern durch lauter Einheimische; dadurch, daß die Naturaldienste oder Roboten, vorzüglich aber die Leibeigenschaft, aufgehoben worden sind [5]). Die Parcellen sind den Bauern in Erbpacht übergeben worden [6]), gegen eine zweifache Leistung.

1) Für das nutzbare Eigenthum wird eine Geld-Abgabe unter dem Namen Contribution entrichtet. Um diese festzusetzen, hat man von jedem Domainengute den reinen jährlichen Ertrag nach ei-

---

1) (v. Raab, K. K. Hofraths) Unterricht über die Verwandlung der K. K. Böhmischen Domainen in Bauergüter. Wien, Trattner, 1777. 4. S. 4. 13.

2) S. 5. 11. 12.

3) S. 46. 47.

4) S. 46.

5) S. 13. 185. 193.

6) S. 185. 191.

nem Durchschnitte von 10 Jahren ausgemittelt; die gefundene Summe ist in verhältnißmäßigen Quoten auf die Parcellen vertheilt worden, nach vorhergegangener genauer Ausmessung der Feldmark [1]). Ein Kaufschilling für die Aecker ist nicht gefordert worden [2]); blos den Viehstand hat man verkauft.

2) Für die erlassenen Roboten, desgleichen an der Stelle der bisherigen grundherrlichen Natural- und Geld-Leistungen, ein jährlicher Canon [3]), der blos in den ersten zehn Jahren in Gelde, nachher aber in Getreide, geleistet werden sollte; es müßte denn seyn, daß es der Herrschaft anders beliebte [4]).

Dazu kömmt ein Laudemialgeld bey Besitzveränderungen [5]). Mit dem 1sten Januar 1777 haben die neuen Leistungen den Anfang genommen [6]). Die Parcellisten eines Domainen-Dorfs oder einer Maierschaft haben sich solidarisch zur genauen Ableistung ihrer Schuldigkeiten verpflichten müssen [7]). Auch die Gebäude sind ihnen mit übergeben worden, die sie aber besonders bezahlt haben, nach einer Schätzung [8]).

---

1) S. 15—17. 185.
2) S. 185.
3) S. 21. 186. 187.
4) S. 194. 195.
5) S. 193.
6) S. 186. 197.
7) S. 51. 196.
8) S. 190.

Meistentheils sind durch jene zweifache Abgabe die Einkünfte etwas gegen die vorige Nutzung durch herrschaftliche Regie oder Administration [1]), gestiegen; z. B. der reine jährliche Ertrag der Herrschaft Podiebrad, nach einem Durchschnitt von 1760 bis 1769 war: 45,112 fl. 5 Kr.; der neue Ertrag stieg zu der Summe von 48,703 fl. 23 Kr., also entstand ein jährliches Plus von 3591 fl. 18 Kr. [2]) Sollte daher auch die Regierung niemahls Ursache finden, die Operation zu bereuen, so wird sie dies wenigstens gewiß in Ansehung der Waldungen, die ebenfalls großen Theils mit vertheilt worden sind [3]). Leopold II. hat, als Großherzog von Toskana, die Operation daselbst im Jahr 1791 nachgeahmt.

---

1) S. 35.
2) S. 15. 30. 103.
3) S. 199.

Nachtrag zu Seite 27.

Die Könige aus dem Sächsischen Hause, geleitet von bessern Einsichten in die Regierungskunst, und nicht mehr durch drohende Reichsfeinde nothgedrungen, die Herzoge und Markgrafen in ihren Sprengeln unbedingt schalten zu lassen, nahmen denselben die Domainengeschäfte ab, und übergaben sie den Pfalzgrafen, deren Amte sie allerdings weit angemessener waren. — Seitdem gehörte, neben den Justizgeschäften, auch die Verwaltung des Finanzwesens in dem herzoglichen Sprengel, insbesondere ꝛc.

Druckfehler.

S. 49. Z. 13. von unten, statt: Ambt mit, lies Ambt aus.